いのちが目覚める

原初のヨーガ

解説と実技

塩澤賢一

新泉社

装画・イラスト――――くぼあやこ
ブックデザイン――――堀渕伸治◎tee graphics

いのちが目覚める

原初のヨーガ

もくじ

実技編

本書の解説編と実技編は、ライターの高山リョウによる著者・塩澤賢一へのインタビューをもとに構成しています。

いのちが目覚める

原初のヨーガ

解説と実技

序

呼吸を追いかけ、プラーナの風に乗る

本書では、皆さんに本来のヨーガをお伝えしたいと思います。原初のヨーガ、古代インドで生まれたヨーガ本来の姿です。ヨーガにはさまざまな種類がありますが、私が伝えているのは「ハタヨーガ」です。

「ハタ」はサンスクリットで「力」を意味するので、「力でおこなうヨーガ」ということになります。この場合の力は、「力ずくで」といった肉体的な力という意味も含まれますが、私の考えでは、ヨーガが人体に見ている、もう少し精妙な力を指しています。

その精妙な力とは、具体的には「プラーナ（生気）」や「クンダリニー」と呼ば

れる生命エネルギーの力です。

プラーナもクンダリニーも迷信ではありません。現代人の体にも宿り、生命活動、精神活動を維持しています。私たちがいま、呼吸をして生きていられるのも、さまざまなことを感じたり考えたりできるのも、すべてプラーナの働きによるものです。

古代のインドでも現代の日本でも、生命の本質に何ら変わりはありません。ハタヨーガを本来の適切な方法でおこなうことで、現代人でもプラーナの存在に気づき、そのエネルギーを活性化することができるのです。閉ざされていた知覚の扉も、豊かに開きます。

いまはヨガブームで、多くの人々がさまざまなヨガに親しんでいると思います。それ自体は結構なことですが、プラーナに基づいた本来のシステムでヨーガをおこなっている人は、日本でもインドでも、ごく少数になってきました。現在のインドのヨーガも、アメリカの影響を多く受けています。

ヨーガはフィットネスでもストレッチでもありません。応用範囲が広いため、美容や健康、リラクゼーションに役立てることもできますが、本来の目的はもっと大きくて広いものです。

私が人生の長い時間をかけて探し求めてきたヨーガは、どこまでも「呼吸」を追いかけ、プラーナの風に乗り、命の根源までさかのぼることができる、「原初のヨーガ」なのです。

＊　＊　＊

ヨーガの起源は、紀元前のインダス文明までさかのぼります。インダス文字はいまだに解読されていませんが、紀元前二五〇〇年頃からはじまったとされるモヘンジョダロの遺跡より出土した印章に、ヨーガ行者を連想させる図像の刻まれたものがあります（左頁の写真を参照）。

印章の中央では、何者かが脚を組んで坐っています。これはヨーガの坐法のひとつのシッダアーサナ（達人坐）で、本当に見事に坐っています。顔には仮面をつけているのでしょうか、四つの顔が東西南北の四方向を向いています。ということは仏像の阿修羅像がそうであるように、これはもう人ではないということです。

インダス文明の印章

まわりをサイや虎などの動物が取り囲み、この者は中央でそれらの生き物を統御しているようにも見えます。ヒンドゥー教のシヴァ神には「動物たちの王」という別名もついていますから、これはおそらくシヴァ神の原型でしょう。

頭についているのは牛の角ではないかと思うのですが、古代の人たちはそこに神を見ていたのです。いまでもインドでは、牛の中に神性を見ています。

頭頂からは何かが吹き上がっているようにも見えます。ほかの出土物には、蛇の姿が描かれたものもあります。蛇はクンダリニーの象徴でもあり、実際にクンダリニーが上がるときも背骨のルートを蛇行し、頭頂を抜けていきます。この時代からすでにクンダリニーを上げる身体技術はあったと、私は見ています。

* * *

ヨーガの語源はサンスクリットの「つなぐ」という言葉にあり、牛を牛車の軛《くびき》（横通しの棒）につなぎとめるというのが本来の意味です。

何が牛で、何が牛車か。一般的には精神と肉体に例えられることが多く、それも間違いではないのですが、本質的には牛が「自分の本質」で、牛車が「宇宙の本質」となるでしょう。そして軛が「呼吸とプラーナ」です。

つまり自分の本質と宇宙の本質が、呼吸とプラーナでつながれていたことに気づくのが、ヨーガの本来の意味であり、目的なのです。

インドの伝統的なヨーガには、ハタヨーガのほかにもさまざまな方法でおこなうヨーガがありますが、行きつくところはどれも同じで、「自分の本質と宇宙の本質が同じであったと気づく」ということです。ハタヨーガでも、それ以外のヨーガでも、やり方さえ間違わなければ、最後まで行けます。そこに優劣はありません。

ただ、人は一人ひとり個性が違うので、合う合わないはあります。自分に合った方法を選べばうまくいくし、合わないものなら、いくら努力してもなかなか歩は進まないでしょう。私の場合、ハタヨーガには最初からなつかしさを感じていたので、長く続けていられるのだと思います。「いま、実を結ばない努力も、決して無駄にはならない」というのが私の信条ですが、やはり自分に合うものを知ることは大事です。

* * *

ヨーガの起源は紀元前ですが、現代に通じるハタヨーガのシステムを確立したのは、ゴーラクナートという行者です。一一世紀前後に、古代からのいくつかのハタヨーガの流れを彼が統一しました。この成果は『ゴーラクシャ・シャタカ』という書物として、いまも残っています。ただ表現があまりにシンプルなので、これだけを読んでハタヨーガをおこなうのは難しいでしょう。図解もなく、簡潔な文が続くだけですから。

もうひとつ有名なところで『ヨーガスートラ』という書物があります。こちらは五世紀頃、パタンジャリなる人物が書いてまとめたとされていますが、読んでみると、ところどころ文章のタッチが違う。ひとりの人間が書いたとはとても思えず、「言っていることがさっきと違うじゃないか！」という箇所がいっぱいあります。時代を経て複数の人物によって編纂されたものを「パタンジャリ作」としているのでしょう。多くの矛盾がありますが、すべてを理解する必要はありません。

学問としてヨーガを研究したい人なら話は別ですが、私たちは実践家なので、書物の字句の解釈にこだわる必要はない。それがヨーガ指導者としての私の立場です。役立ちそうなところだけ拾っていけばよい。わからないところは無理に理解しようとせず、脇に置いておけばよい。これは『ヨーガスートラ』に限らず、インド哲学の精髄である『ウパニシャッド』に関しても同じことです。読書家や研究者になる必要はない。ヨーガは、頭で理解しても役には立ちません。

逆に技術的な実践を続けていくことで、以前は読めなかった本の内容が読めるようにもなります。行間を読む力がついてくるというのでしょうか。知的な理解力とは別の、直観や感性が育つのです。

＊　＊　＊

ハタヨーガは、「瞑想」「プラーナヤーマ（呼吸法）」「アーサナ（姿勢）」の三つの要素でできています。私の教室でも、この三つを必ずセットにしています。どれかひとつを集中しておこなうよりも効率がよく、上達も早くなるからです。相乗効果が生まれるというよりは、瞑想もプラーナヤーマもアーサナも、やっていることは同じだからです。どれも同じ呼吸のリズムでおこないます。「ヨガ」ではなく、「ヨ〜ガ」のリズムで。サンスクリットの「o」は必ず音を伸ばしますから。

つまりこういうことです。「ヨガ！」と勢いよく息を切るのではなく、「ヨ〜、ガ」と入りは弱く、全体の四分の三あたりに力のピークが来るように、息をなが〜く吐きながらおこなうのです。

これがサンスクリットのリズムです。日本語には日本語のリズムがあり、英語には英語のリズムがあるように、言語というものはそれ特有のリズムを持っています。ヨーガは古代インドで生まれたものですから、本来のものとして実践したいなら、やはりサンスクリットのリズムでおこなうのが一番なのです。

現在、日本で一番多いのは、アメリカを経由したヨガだと思いますが、やはりアメリカ人の現代的な発想で切り分けられ、組み替えられています。ヨーガが本来もつ全体性を失い、部分の寄せ集めとなっています。それではヨーガがめざすゴールへはたどりつけないのです。本来の目的地とは別のところへ行ってしまう。

たとえばアーサナにしても、現代のヨガでは「ポーズ」と呼ぶことが多いですが、アーサナとは動きと静止と解体のプロセスであって、結果としてのポーズではありません。骨格の並びや筋肉の伸び具合が基準ではないのです。アーサナは体操やストレッチを含んでいますが、同じものではありません。

＊ ＊ ＊

ハタヨーガを単なる体操と見る傾向はインドにも昔からあって、たとえば主に瞑想をおこなう「ラージャヨーガ（王のヨーガ）」よりは一段低いものとして見られていました。ハタヨーガはラージャヨーガの前座というか、瞑想の準備運動としておこなうといった感覚です。精神を高尚なものととらえて、肉体を軽視する。このような傾向はいまでもあるかもしれません。

これはインドの死生観も影響していると思います。生まれ変わりの思想です。すべてのインド人がそうとは言いませんが、「肉体はどのみち捨てていくのだから」という風潮があるのです。ですからバラモン階級の人間がハタヨーガに励む行者を見て、「あんなに肉体ばかりにこだわって……」と見下すことはあったと思います。

それから、ハタヨーガだけが見世物にすることができるというか、大道芸をやってお金を取れるのです。私がインドに行ったときも、そのような行者がいっぱいいました。地面に首を埋めて逆立ちするとか、目を閉じたまま矢を的に当てるとか。これもひとつの伝統で、そういったことにかける大変な情熱もインドには存在するのですが、ヨーガの本流からは外れたものでしょう。

＊　＊　＊

瞑想を主としたラージャヨーガは「王のヨーガ」、つまり「ヨーガの中で最上級のもの」と解釈されますが、「王様にもできるヨーガ」という説明もできます。つまり、坐ったまま、汗もかかずにできる。皮肉めいた俗説かもしれませんが、歴史的に見てもラージャヨーガは上流階級に人気があり、輪廻からの解脱をめざすバラモン（司祭階級）にとっては主流のヨーガでした。一方、ハタヨーガは比較的カーストの低い人たちが中心になって支えてきました。

いまから一〇〇〇年ほど前に、ここに大きな変化が起こります。これは日本のヨーガ研究の第一人者、故・佐保田鶴治先生から直接お聞きした話です。

肉体を軽視し、瞑想に明け暮れていたラージャヨーガの行者たちが、結核やほかの病でバタバタと亡くなり、そこでハタヨーガが見直されるのです。解脱をめざすのにしても、体をつくるところからはじめよう、と。瞑想で坐りつづけるには、それに耐えるだけの体力が必要ですから。

私たち現代人も、頭脳中心で身体をおろそかにした生活を送っていますから、生命や自然からしっぺ返しを受けているようにも思えます。二〇二〇年には新型コロナウイルスの世界的な感染拡大も起こりました。

ハタヨーガは医療行為ではありませんが、基本的な生命力を強化し、変化に振り回されない心身のスペースをつくることができます。自分の体への信頼感が生まれ、「自分の面倒は自分でみる」といった心のゆとりが出てきます。その総合性において現代の医療や健康法では、決して得られないものだと思います。

＊　＊　＊

私はこれまで特定の師につかず、ひとりでヨーガの修行をおこなってきました。さきほど名前の出た佐保田先生や、故・沖正弘先生をはじめ、さまざまなヨーガの指導者の教室や講習会に顔を出し、多くのものを学びましたが、誰かひとりの先生につくということはありませんでした。

私が一番尊敬するのはラマナ・マハルシで、直接会ったことはなく（彼は私が七歳のときに亡くなっています）、また彼はハタヨーガの行者でもないのですが、その存在を知ってからは、彼の足跡を追ってきたようなところがあります。

ラマナ・マハルシはインドの覚者で、一八七九年に南インドのバラモンの家に生まれ、一七歳のときに起きた「死の経験」を契機に出家します。日本で最初に出た彼の本『ラマナ・マハルシの教え』（ラマナ・マハルシ著、山尾三省訳、野草社）の訳者による「あとがき」から一部引用しましょう。

「ティルチュジーの村からマドゥライのハイスクールに進み、レスリングやボクシングや水泳が大好きな少年だったラマナに、あるとき、不意打ちのように突然死の恐怖が襲ってきた。死の恐怖は彼を大変に苦しめた。しかし彼はその恐怖を正面から見つめ、床に体を伸ばし、自ら想像上の死に入り、呼吸すらも止めて死を体験した。その体験の中で彼は、死ぬものは自分の肉体であり、自分の自己は死ぬはずのものではないことを知った。十七歳のラマナは引きつづき仮死状態にありつつ、サマーディに入り、その中で自分の真の源泉である自己、ヒンドゥー民族がアートマンと呼ぶものに融合したもののようである。これがただ一日で起こったことなのか、数日あるいは数週間の内に起こったことなのかは定かでないが、この体験をとおしてラマナは以前とはすっかり違った少年になってしまった」(同書、二〇四頁)

文中に出てきた「自分の自己」「自分の真の源泉である自己」「アートマン」と

はすべて同じものを指しており、これは本当の自分、「真我《しんが》」とも呼ばれますが、この本では「純粋意識」と呼ぶことにしましょう。

「純粋意識」とは、この世のすべてを照らす原初の意識であり、ヨーガの実践によって自分の本質もそれであったと気づくことができるのです。

「サマーディ」は三昧《さんまい》という言葉で、仏教でも使われていますね。深い瞑想状態

『ラマナ・マハルシの教え』

を指し、このとき、普段はなかなか気づけない「純粋意識」が映し出されるのです。それを仏教では「目覚める（ブドゥ）」と呼んだのでしょう。お釈迦様は、菩提樹の下で目覚めて「ブッダ（目覚めたもの）」となり、ラマナ・マルリシは、死の体験で「純粋意識」となりました。

ヨーガも仏教も本来の目的は「輪廻からの解脱」ですから、歩くルートは違っても、たどり着くところは同じはずです。

＊　＊　＊

ここでもうひとつ言っておきたいのは、ラマナ・マハルシの「死の体験」は、ハタヨーガの技術でいうところの「シャバアーサナ（屍の姿勢）」の完成したものであり、「ケーワラクンバカ（呼吸の自然な停止）」である、ということです。

仰向けで床に横たわるシャバアーサナは、現代のヨガでもリラクゼーションの方法としておこなわれていますが、じつはこれほど奥の深いアーサナもありません。リラックスのあまり、そのまま寝てしまう人も多い姿勢ですが、それでも体のどこかは必ず緊張しているので、それらをすべて抜いていく必要があるのです。

シャバアーサナは高度な瞑想技法であり、全身が完全に弛緩すると、地面から浮く感覚が得られます。「重力からの解放」という表現がぴったりで、深い気づきが訪れるのです。

ケーワラクンバカは「自然に止まる息」のことで、ヨーガが目指す理想の呼吸です。無理に息を止めるのではありません。息とはどこまでもゆるやかになると、最後には止まるものなのです（実際には、ごく微かな呼吸が存在し、血管も一秒間に七回の振動をしています。意識は限りなく明晰になっていきます）。

そのつもりはなかったのでしょうが、結果としてラマナ・マハルシはシャバアーサナをおこない、生死の向こう側の「純粋意識」まで行って、また戻ってきたと思うのです。めったに起こることではありません。彼の場合は機が熟していたのです。

私もヨーガの瞑想をはじめて六〇年が経ちますが、一番時間を費やしてきたのは、シャバアーサナです。最近になってやっと、形になってきました。

＊　＊　＊

私は現在、東京の中野坂上で「アーディー・ヨーガ（原初のヨーガ）」と名づけたハタヨーガの教室を開いています。首都圏のカルチャーセンターや女性フォーラムでも、一般向けのヨーガのクラスを受け持っています。生徒さんの大半は女性で、主婦の方も、お勤めをされている方もいらっしゃいます。

おかげさまで「気持ちよかった！」「体が軽くなった！」と喜んでくださる方が多いです。「ヨーガの後は、夏は涼しく、冬は暖かくなりますね」といった声も聞きます。「ヨーガをやっているあいだだけは、花粉症が止まるんです」というような声もあります。ヨーガとの因果関係ははっきりわかりませんが、重い病気から回復されて、元気に過ごしている方もいます。

長く通っている生徒さんを見ていると、徐々に体質が改善され、心と体にゆとりができていくようです。皆さん、心身に何かしらの問題を抱えてはいるのでしょうが、ストレスや持病などともうまく折り合いをつけ、共存できるようになっていきます。

なかには宗教的な資質を持ち、ヨーガで花開く人もいます。禅や密教のお坊さんが遊びに来ることもあります。

しかし私は、基本的には社会生活を送っている一般の人に向けて、ヨーガを指導しています。「どうしても解脱したいです！」という人はいまのところ来ていません。

ですから教室で教えているヨーガは、私が自分の家でやっているものと同じではありません。生活に支障をきたさず、誰でも安全におこなえるように、ダイジェスト的に編集したプログラムを提供しています。

ただし行きつくところは同じです。どれだけ時間がかかるかはわかりませんが、教室の技術を繰り返していけば、ヨーガ本来の目的地に必ずたどり着きます。

この本でもそういう技術を紹介していきます。得たものを健康のために役立てるか？「純粋意識」の覚醒に向けるか？それは皆さんにおまかせしましょう。

シンプルな技術でよいのです。違いがあるとすれば、それをおこなう「精妙さ」で、やっていることは上級者も初心者も同じなのです。基本をマスターすれば奥義にもなる、それが本物の技術です。無理な動きに挑戦したり、いたずらに技を増やしたりする必要はありません。大切なのは、楽しく、気持ちよく、続けることです。ヨーガは本来、輪廻の中で幾世もかけて続けていくものですから。

では、そろそろはじめましょうか。

解説編

聞き手　高山リョウ

Chapter 1

ヨーガの瞑想

1

――今回は初心者向けに、ハタヨーガの基本的な思想と技術を教えていただければと思います。まずは瞑想の基本からお願いします。「マインドフルネス」や「ヴィパッサナー瞑想」など、瞑想にはさまざまな種類のものがありますが、ハタヨーガの瞑想とはどのようなものですか？

ハタヨーガの瞑想とは「息を静める」ことによって心の静けさを取り戻すことです。

――息を静める？　われわれはいつも呼吸をしているわけですが、それを静めるということですか？

はい。ハタヨーガというと「アーサナ（姿勢）」、ヨーガに詳しい人には体操のイメージが強いかもしれませんが、基本的にハタヨーガは「呼吸」のヨーガです。呼吸とは、われわれの心や体のすべてを映し出す鏡です。皆さん、朝、顔を洗うときに鏡を見て、自分のことを確かめると思いますが、呼吸にはもっと多くの、もっと精妙な、その人についての情報があるのです。ですから呼吸を知ることは自分を知ることであり、呼吸を静めることによって、心や体のありとあらゆるものが静まることになります。

呼吸を使って、心を静めていくのがハタヨーガです。われわれは、心臓の鼓動など内臓の働きを、自分の意思でコントロールすることはできませんが、唯一呼吸だけは、自分の意思が通っていくところなのです。

――心臓や胃などの内臓は自律神経が支配していて、われわれの思いとは無関係に動いていますね。

呼吸もまた自律神経によるものですが、同時に中枢神経からも介入できるという、奇跡的な存在です。自分の意思でもコントロールができるのですから。ハタヨーガはそこに注目して、呼吸から入って、心と体を静めていきます。

――「呼吸を静める」という話ですが、普段の呼吸は静まってはいないということですか？

はい、不規則です。歩くだけでも乱れますし、不安な出来事があれば胸のあたりがドキドキ弾んでくるでしょう？　毎日生活していればいろいろなことが起こりますので、呼吸のリズムはどうしても不規則になります。外側で起こる出来事だけでなく、体の内側で起こっている出来事、たとえば過去の嫌な出来事を思い出すことによっても息のパターンは変わってきます。多くの人は、呼吸というより感情や心の乱れとして感じているかもしれませんが。

呼吸とはわれわれの心と体を映す鏡であり、心と体の自動的な反応に普段どれだけの影響を受けているのか、呼吸を見ればわかるのです。また心や体に働きかけようとするなら、呼吸をもっておこなうのが、よい方法なのです。

――では、呼吸を静めることが瞑想であると？

はい、そのためにハタヨーガにはさまざまな技術があります。よく「雑念に邪魔をされて瞑想ができない」という人がいますが、これが根本的な間違いです。瞑想では雑念を敵にしません。雑念と戦うのではなく、そこからまた元へ戻る練習をするのです。

たとえば瞑想中に頭の中のおしゃべりが止まらなくなる。言葉がぐるぐると回り、止めることができないのなら、同じく言葉で対抗すればよい。ここでマントラを使うのです。ハタヨーガだと「オーン」などのマントラを心の中で唱えて、気持ちを向けていきます。ただ、ときにそこから外れてしまうわけです。

――マントラを唱えているのに、またほかのことが浮かんでくるとか？

そうです。そしてそのときに自分を責めることなく、元に戻していくのが瞑想です。「ああ、いま外れたな」と気づいて、また元に戻っていけば何の問題もありません。そこで皆さん自分を責めて、ああでもないこうでもないと脇道にそれていくのですが、その必要はないのです。

――「元に戻す」というのは、何をどこに戻すのですか？

意識を息に戻す。

――では瞑想中に雑念が出ているときは、意識が呼吸から外れているということですか？

そうです。そういうときは「ああ、いま外れたな」とつき合っておいて、また元へ戻ればよい。瞑想とは、元へ戻す練習です。いつも呼吸に戻ります。呼吸に戻ってきて、呼吸から離れない。そして、雑念がひと通り出尽くすまでは、瞑想は続けていくものなのです。

瞑想を続けていると、さまざまな思いがどんどん出てきます。それでどんどん軽くなっていくのです。ですから雑念を敵視する必要はない。軽くしたいがために、奥の方からいっぱい出てくるのです。

――散らかった部屋の掃除のようなものですね。片づけていくと、ゴミがどんどん出てくる。瞑想をすると、その人の中にたまっている思いがどんどん出てきて、気持ちが軽くなっていくということですか？

そういうことです。ですから、出てくる思いと戦わず、息に戻っていけばよいのです。

2

さて、これはとても大事な情報なので、よく聞いておいてください。呼吸は「吸う」と「吐く」だけではありません。「吸う」と「吐く」のあいだに「止まる」があり、「吐く」と「吸う」のあいだに「止まる」があります。「吸って、止まる、吐いて、止まる」の繰り返しが呼吸で、多くの人は意識していませんが、息が止まっている「停止点」があるのです。この呼吸の停止点は「呼吸の転換点」でもあり、この瞬間に気づくことが瞑想ではとても重要になってきます。

息を吸うと、止まったところからチェンジして吐く息に変わり、吐いたところでまた止まり、吸う息に変わっています。本当に微細な「点」なのですが、この転換点がないと呼吸は成り立たないのです。

——吸った息が、止まったところからチェンジするということは、「吸い込んだ息」とそこから「吐き出す息」は別物ということですか？

よい質問です。そうです、別物です。この「呼吸の転換点」は、言葉では定義できないところで、吸って止まる（そこから吐く）、吐いて止まる（そしてまた吸う）のふたつの転換点があるのです。呼吸とはこのふたつの転換点を、振り子のように行き来することです。

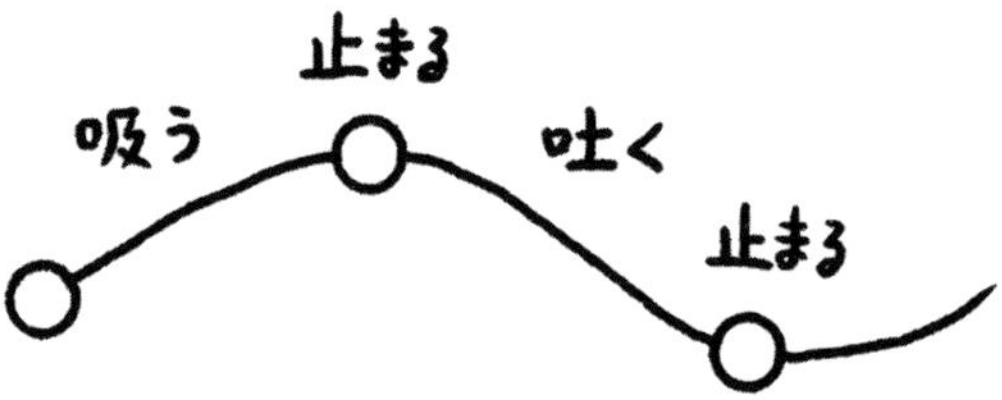

呼吸の停止点

つまり吸った息が止まるとは、吸った息が自分の内側のどこかへ消えていくということです。そこからまた、どこからともなく、今度は吐く息が出てくるはずです。それは先ほど吸った息と同じ息ではありません。ためしに息を吐いてみてください。それから軽く吸ってみてください。また吐いて、吸って。吐いて、吸って……。

どうですか？　呼吸は「吸う」と「吐く」だけでできていますか？

皆さんが吸った後、ほんの一瞬止まって、吐く息に変わっています。吐いた後、ほんの一瞬のすき間があって、吸う息に変わっているはずです。まずは、この「すき間」を探してください。最初に、吸う息のすき間を探してみてください。息を吸った後、吐く息の前に、すき間があるはずです。

――「すき間」とは「吸いきって一瞬止まる、そのとき」ということですか？

そういうことです。吸う息が終わった後、一瞬止まるでしょう？

――はい。そこから、ふぅ～っと吐きますね。

吐いた後も止まっています。そして吸う息に変わっています。ですから、「吸う、止まる、吐く、止まる」のサイクルで、呼吸は輪になって回転していると言ってもよいでしょう。

――吐いた息がどこへ行ったかわからないのですが、吐き終えた息も停止点（転換点）に入り、吸う息に変わっているということですか？

そうです。いきなりは難しいかもしれませんが、吸って止まった後、吐いて止まった後の「息のゆくえ」をどこまでも追っていくのが、ハタヨーガの瞑想なのです。だんだん息を長く追えるようになります。最初は「息が止まったところにとどまる」からはじめればよいでしょう。

――それは「息が止まっている状態を意識する」ということですか？

そうです。そして通常それは、「吸って止まったとき」のほうがわかりやすいです。「吐いて止まったとき」のほうが、より精妙でデリケートな息になるので。

――たしかに吸う息は、自分の内側に集まって来るので、わかりやすいかもしれないですね。吐く息は、外側に広がっていくので、追いきれません。

3

息を吸って、止まる、吐いて、止まる。そこに「リズム」が生まれます。これも大事な情報になると思います。ヨーガをおこなううえで一番大事なことかもしれない、呼吸のリズムの話です。「ゆらぎ」と言ってもいいかな。

ヨーガでは「ラジャス」「タマス」「サットヴァ」という三つの性質で世界を見ていきます。人の心も程度の差はありますが、誰もが皆、この三つの性質をぐるぐると行き来しています。

現代風に言えば、ラジャスは躁鬱の「躁」の状態のことで、タマスは「鬱」です。サットヴァは躁でも鬱でもない、ちょうどよいリズムです。ラジャスはゆれが激しすぎる状態で、タマスだと鈍く重い状態、どちらも波が不規則です。サットヴァは、山と谷が一定の周期で繰り返す、心地のよいゆらぎです。

ですから呼吸がよいリズムになっていれば、その人はサットヴァの状態にあります。瞑想で一番大事なのは、呼吸のリズムです。皆さんにはこのリズムを摑んでほしい。そしてヨーガを、瞑想を、楽しくやってほしい。そのためにいろいろな方法があるのですが、最初はこれがよいでしょう。呼吸にあわせて、一から一〇まで、心で数を数えていきます。

鼻から「ひとー」でゆっくりと吐いて、「つ」のところで軽く吸います。「ふたー、つ」「みーっ、つ」と、同じ調子で吐いて吸います。一つひとつ息を数え、息に心を向け、「とー、お」まで行ったら、また「ひとー、つ」に戻ります。先ほども言いましたが、もし気持ちが外れて、いくつを数えているのかわからなくなったときは、また「ひとつ」に戻ればよいです。

——息は、吐くのも吸うのも、鼻からですか？

そうです。理由は後でお話ししますが、ヨーガの呼吸は基本的に鼻でおこないます。やってみましょう。目を閉じて。みぞおちの力を抜いて。決して力を入れずに、鼻から息を吐いてみて。

吐く息に、心の中で「ひとー」と音を乗せていってください。声は出さずに。

そして、「つ」で、吸う息に変わります。「ふたー、つ」「みーっ、つ」「よーっ、つ」……。

吐く息が長めで、吸う息が軽いと、息に乗ることができる。繰り返し息に乗っていけば、そこにリズムが生まれてきます。やってみてください。

どうですか？　見えましたか？　息が「ひとー」で出ていきますよね？　お腹に何か沈んできませんか？　それから「つ」で息は入ってくるんですが、ここで沈んだものが浮くんですね。鼻から出る息とは別に、吐く息で何かがお腹に沈んで、吸う息でまた上がってきます。息は、体は、そういう風にできています。

このリズムを繰り返し味わうところに、瞑想の喜びがあると思うのですが、いかがでしょうか？　息に乗って、浮いたり沈んだりしていくのって、楽しいでしょう？　日本語の「落ち着く」とはこのことを言っています。

とても気持ちよく、奥深く、あるエネルギーが動いています。吐いてごらんなさい。沈んでくるでしょう？　吸ってごらんなさい。何か胸に浮いてくるでしょう？　やってごらんなさい。きっと、「ああ、息ってこんな風になっているんだ」とわかります。

――だんだん、「ひとーつ、ふたーつ」のペースがゆっくりになってきました。

よいことです。呼吸がゆっくりになってきたら、心の働きもゆっくりになりますから。心の働きと呼吸の早さは同じものです。心を落ち着けたいときは、呼吸を落ち着けるのです。呼吸が静まれば、心が静まります。

どうぞ吐く息で、気持ちよく沈んでいってください。吸う息で、甦ってきてください。一〇まで行ったら、帰ってきてください。もし「いいね！」と思ったら、皆さんは「プラーナ（生気）」と一緒にいますよ。

――「ひとー」と「つ」のあいだに、吐いたあと止まる「息のすき間」がある。そして「つ」で吸ったあとに、吸ったあとの「息のすき間」がある、と。

そうです。そのすき間に気づき、そこにとどまることです。長く居られるようになると、皆さんをとても大事なところに連れていってくれます。

――いまやっているこの繰り返しが、瞑想ということですか？

はい。息のリズムが「いいね！」という感じになったら、必ず瞑想になります。先ほど申し上げた「サットヴァ」の状態で、リズムが生まれているのです。

――人それぞれの息のリズムというものがあるのですか？

あります。

――それと同時に、ヨーガ特有の息のリズムもあるのですか？

あります。

――そのヨーガが持っているリズムと、一人ひとりの人が持っている呼吸のリズムは、一致するのでしょうか？

しましす。ヨーガのリズムは、世界のどの民族でも一致すると思います。繰り返していると、息に生命感が宿ります。

――たとえば音楽で楽器の練習をするとき、メトロノームに合わせてリズムをキープしたり、音叉などで音程を合わせますね。ヨーガには、そういった器具はないかもしれませんが、基準となるような特定のリズムがあるということですか？

はい。ヨーガの場合は、メトロノームに合わせたらリズムが狂うと思います。テンポが人工的でゆらぎがないですから。われわれ人間には非常に精妙なゆらぎがありまして、それに乗っていけばうまくいきます。もしメトロノームに合わせてやったら、神経症になるでしょう。杓子定規になってはいけません。ヨーガの

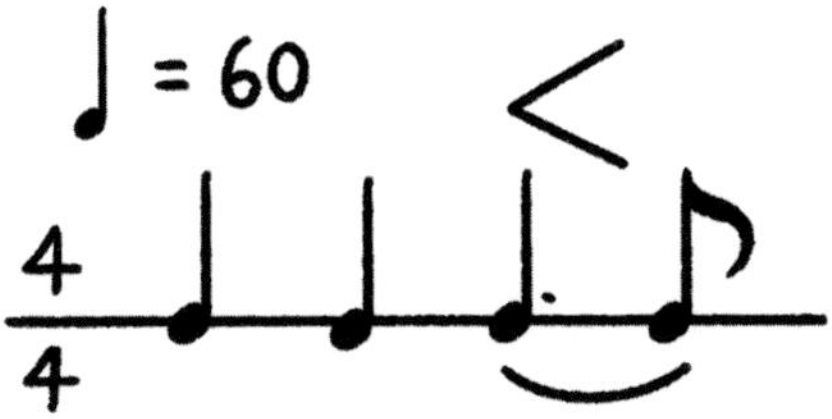

サンスクリットのリズム

リズムは、のびやかな「サンスクリットのリズム」です。

――サンスクリットのリズム。それは具体的にはどういったものですか？

のびやかな四拍子のリズムで、基本的には強さが、「いち、にい、さ～ん、し」です。

最初の入りが弱くて、三拍と四拍のあいだが長くなります。三拍から四拍にかけて、波のピークが来ます。ですから後半に山場があり、そこに向かって流れていくと、ヨーガは気持ちよくできるのです。これがサンスクリットのリズムです。

先ほどの「ひとー、つー」の息に当てはめると、「とー」から「つー」にかけて強くなっていきます。そうなるためには、最初の「ひ」を弱くすることです。音楽用語でいう「弱起」です。意外に思われるでしょうが、最初の入りが強すぎると、全体としての勢いは弱くなるのです。現代の日本語は最初の入りが強いので、注意が必要でしょうね。語頭が強い「イチ、ニイ、サン、シ!」の日本的な号令でヨーガをおこなうと、途中で息切れするでしょう。息の波に乗れず、最後まで息を追えません。

4

――最初に少し出てきた「オーン(オウム)」のマントラも、サンスクリットのリズムなのですか?

はい。実際に唱えるときの音としては二通りありまして、「オーン」というものと「ォ、オー、ン」というものがあります。前者は語頭が強いですが、後者はやはり最初の入りを弱くして、三~四拍めに山場が来ています。初学者には後者がおすすめです。これは「オーン」のマントラを唱える際の極意と言ってもよいでしょう。

――日本では一九九〇年代に「オウム真理教」の事件があって、いまでも「オウム」という言葉に抵抗のある人もいます。私も声に出して唱えるのは、少しこわいです。ヨーガ本来の「オーン」には、どのような意味があるのですか？

われわれが生きているこの世の中が、できてくるときの音が「オーン」です。世界が生まれるときの音です。原初の音です。

――それはインド神話とかに出てくるのですか？

「オーン」は「ウパニシャッド」に代表されるインド哲学の文献にも出てきますが、肝心なのは、古代のインドの人たちがヨーガを通じて、この音を探し出したということですね。サンスクリットでॐ、アルファベットでOM（AUM）、日本語では「オーン」や「オウム」と書くしかありませんが、これを長く唱えていると、体の中から本来のその音が聞こえてきます。そのとき、人は飛躍します。

――瞑想で「オーン」のマントラを唱え続けることで、内側からも何かそのような音が聞こえてくるということですか？

そういうことです。言葉にすると「音なき音」とでも言うしかないのですが、内なる精妙な音が、常に静かに鳴り響いています。だから声を出して唱える「オーン」は、あくまでも内なる音と共鳴するための呼び水なのです。

――内側からの音を聴くと、人が飛躍するというのは？

「ああ、自分もこの精妙な音でできているのだなあ」という気づきがあります。

――自分も音でできている？　マントラを唱え続けていると、いつの日かそういう理解が訪れるのですか？

ええ、なにも大したことではありません。事実としての音ですから。現代も古代も、日本もインドも関係ありません。現代風に言えば、ビッグバンで宇宙が誕生したときの音が、いまも名残で響いているというかな。

――世界ができるときの音が「オーン」であり、それは古代インドのヨーガ行者が感得したものである。そしてそれはマントラとして、現代にいたるまで伝承されてきた。塩澤さんのヨーガ教室では、そのマントラをどのように使っているのですか？

いつもは教室をはじめる前に唱えています。挨拶がわりのようなもので、そんなに長くはやりません。ただ大事なことは、先ほど「ひとー、つ」の呼吸でやったとき、吐く息とともに、下腹部の方に沈んでいくものがありましたね。「オーン」の音は、そこから生まれてくるのです。

――「ひとー、つ」で沈む感覚のあった下腹部から、「オーン」の発声をはじめるということですか？

はい。骨盤の底から「音なき音」の種《たね》が生まれ、腹、胸、喉と、かすかな振動が背骨の前をぐーっと上がっていき、その振動が舌に至って、ようやく「ォ、オー、ン……」という有声音になるのです。先ほどの「ひとー、つ」で沈むときとは反対のルートをたどることになります。

――ちょっと、やってみてもらえますか？

はい、目を閉じて。先ほど「ひとー、つ」で沈んだところを意識して。そこにしずか〜に息を吸って。奥の方まで。そこから今度は背骨の前面を上がるように、しずか〜に息を吐きながら、「ォ、オー……ウー……ンー……」と発声していきます。「ひとー、つ」で沈んだのと反対のルートです。胸の前で合掌しておくと、音が上がってくる様子がわかりやすいでしょうね。

――息が沈んだところ、下腹部の奥に息を吸うというのは、イメージでおこなえばよいのですか？　下腹部の奥の方を意識しながら、鼻で吸う？

イメージではありません。ヨーガの呼吸は酸素だけでなく、プラーナを吸って吐きます。酸素よりプラーナのほうが中心です。後で詳しくやりますが、「意識したところに呼吸で集められる」のがプラーナの特徴です。これはハタヨーガに不可欠の技術です。ですから骨盤の奥まで息を吸ってください。そこから吐く息で背骨の前面を上がって、音の種が音になっていく。「ォ、オー、ン……」

――喉だけで発声するのではなく、腹の底から、息の流れに乗せて、音を出していくのですね。

そうです。何度も繰り返して、味わってみてください。

5

はい、それではもうひとつマントラをやりましょう。先ほどの「オーン」は吐く息で世界が創造されるときの音でしたが、今度はひとつだった「オーン」がふたつに分かれて、「ソーハム」となります。「So（私）ham（彼）、私は彼《か》の者である」という意味です。

インドの覚者ラマナ・マハルシは、自己探求の方法として、「「私は誰か？」と尋ねなさい」と言いましたが、それは「自分の本質を知りなさい」ということです。

そしてこの「ソーハム」のマントラを繰り返し唱えることによって、「私は誰か？」「私は彼《か》の者である」というところに至るのが、ハタヨーガのシステムです。ですからこれは、一回の呼吸のあいだに、自分の本質を思い出すためのマントラなのです。

――「彼《か》の者」とはどういう意味ですか？

形がなく、時間がなく、決して変化しないもの。インド哲学で「ブラフマン（梵我）」と呼ばれるものです。そして「私」が「アートマン（真我）」です。

――「ブラフマン」をわかりやすく言うと？

「宇宙」を支えているもの。

――「アートマン」は？

「私」を支えているもの。ブラフマンは「宇宙の本質」で、アートマンは「自分の本質」と言ってもよいでしょう。

――直訳的には「ソー、ハム」は「自分の本質（私）は、宇宙の本質（彼の者）である」という意味になるのでしょうか。

そういうことです。ですからアートマンがわかったとき、自動的にブラフマンもわかる仕組みになっています。これを「不二一元論」と言って、「自分と宇宙はふたつのものでなく、一元的なものである。自分の本質がわかることで宇宙全体もわかる」というのが、インド哲学の基本的な考え方です。

――自分の本質が「真我」ということは、私にも真我があるということですか？

はい。もしなければ、あなたも私もいまここにいることが自覚できませんよ（笑）。

――「自分が存在する」ということを自覚する働きが、真我ということですか？　その自覚の働きが、自分の本質であると？

そうです。

――それは誰もが持っているものですか？　瞑想をしていない人でも？

はい。例外なく皆さん持っています。ただ多くの人は、そのことに気づいていませんん。あまりに近すぎるからです。頭の上に載せた帽子に気づかず、「帽子がない、ない、ない！　どこだ、どこだ？」と探しているようなものです。

――真我は、動物や虫にもあるのですか？

はい。動植物、そして鉱物にもありますが、彼らはそのことを自覚できないでしょう。人間だけが真我を自覚できる可能性を持っています。本来「自我」が「自我」を知ることはできないわけです。皆さんはこの世界に自分というものが存在していて、その自意識である自我が見たり聞いたりしていると思っているでしょうが、それは錯覚です。自我意識は「真我の光」に照らし出されることで、「存在するように見えているだけ」なのです。

――ちょっと難しいですね。図で説明していただけますか？

はい簡単です。ヨーガでは五つの層にわけて、人間を多重的に見ています（一〇一頁の図を参照）。一、まず感覚器官を含む肉体の層があり、二、生気（プラーナ）、呼吸でできているエネルギー体の層があり、三、四、五とそのエネルギーの質はどんどん微細になっていきます。一の肉体もエネルギーの体ではありますが、もっともきめの粗いエネルギーなので、見ることも触れることもできるのです。またそれゆえに壊れやすいのです。

二の生気の体（エーテル体）については、これから瞑想でプラーナに慣れていくと、見たり感じたりできるようになります。先ほど、「ひとー、つ」の呼吸で下腹部に沈んでいったものもプラーナであり、エネルギーの体の一部です。

三、四のエネルギーの体は精神をつかさどり、感覚に意識を向ける感情の体（アストラル体）、思考の体（メンタル体）と、だんだん微細なものになり、壊れにくくなってきます。日常的な意識では見ることもできません。

――感情よりも思考のエネルギーの方が、きめ細かいのですか？

そうです。

――感情より思考が微細というのは意外ですが、ヨーガではそういう見方をするのですね。では「私が存在している（自分がいまここにいる）」という考え、つまり自我意識も、思考の体に分類されるのですか？

いいえ。「私」という思いはさらに微細で一般の思考の後ろに存在し、五の「コーザル体」と呼ばれる段階で登場します。これはなかなか分解できない体で、「原因身」とも呼ばれる非常に微細な体が含まれています。その人が輪廻の中で何世ものあいだに体験してきた、ありとあらゆる情報が含まれています。これが生まれ変わりの原因となります。この体が残る限り、生まれ変わりを繰り返すという考え方を、ヨーガではしています。

――「生まれ変わり」までいくと、実感できそうにありませんが……。その原因身は、とりあえず「魂」のようなものとしておきましょうか。魂、つまり何度でも生まれ変わるその人の「本体」。それが真我ですか？

いいえ、原因身も真我に照らし出されて、はじめて存在できるものです。

――では、先ほどの人体図に、真我は描かれていないのですか？

描かれていませんね。

――だとすると、五つの層のさらに根源にあるものが真我であり、図が描かれている「白紙の部分」が真我ということですか？　そもそもの紙がなければ、図も存在できないわけですから。

そういう説明でもよいです。白紙がすべてを支え、照らし出し、照らし出されたすべてを見ているのも白紙ということです。真我はみずから発光し、すべての存在を照らし出す意識ですから、ラマナ・マハルシは「映画のスクリーン（世界）を照らし出す、映写機の光源（真我）」と例えていました。意識の意識、原初の意識。「純粋意識」と呼んでもいいかな。形なく、時間なく、変化なく照らし続けるもの。したがって、生まれることも死ぬこともありません。それがわれわれの本質なのです。

6

さて能書きはこれくらいにして、実際に「ソーハム」をやってみましょう。目を閉じて。息を吸ってごらんなさい。喉のあたりを意識して。音がしているはずです。吐いてごらんなさい。こっちの方が音がはっきりします。喉を通る音が聞こえますか？

――息の音、気管を通る空気の音ということですか？

そうです。聞いてください。自分の喉を通っていく音が聞こえますか？　聞こえてきたら、吸う息に「ソー」、吐く息に「ハーン（ハム）」の音を乗せてみてください。

――これは先ほどの「オーン」と違って、発声せず？

はい。心で唱えて、心で聞いてください。有声音よりも無声音の方が微細な音ですから、マントラとしても強力になります。微細なものほど、強いのです。唱える人であると同時に、聞く人になってください。

喉に入ってくる息で「ソー」、喉から出ていく息で「ハーン……」。ソー、ハーン……、ソー、ハーン……。息が自動的に唱えてくれていますね。

――鼻で息をしながら、喉に意識を向ける？

そう。それが最初でしょう。音が出ているのは喉なので。

――「ソー」で吸った後に、息が止まりますね。「ハーン」で吐いた後に、また止まりますね。

はい。その息の停止点も意識して、息に「ソーハム」を乗せてください。そこにもし自分のリズムが出てきたら、気持ちよくマントラに乗っていけます。そして呼吸は喉だけでおこなっているわけではありません。全身でしています。今度は胸の中で聞いてみてください。満ちてくる息で「ソー」、出ていく息で「ハーン……」。皆さんは唱える人であり、聞いている人でもある。息は全身です。体のありとあらゆるところで、呼吸はおこなわれています。皆さんは、どのあたりが気持ちいいですか？　一番落ち着くところで「ソーハム」を唱えてみてください。

――たとえば下腹部が一番しっくり来るなら、下腹部がふくらんだり、へこんだりするのに合わせて「ソー、ハーン……」と意識を向けるのですか？

はい、それでよいです。その日一番気持ちのよいところでやってください。プラーナのよく通るところは、日によって違いますから。最初は喉で聞くのがわかりやすいですが、あとは全身のお好きなところでどうぞ。人は全身で息をしていますから、どこでも聞こえるようになります。内なる「ソーハム」が聞こえてきます。

それでは今度は「ハーン、サー（ham saはham soの活用形）」と逆にしてみましょう。これは「ハーン……」と吐く息からはじめますから、最初にやった「ひとー、つ」の要領に近いですね。人はどうしても第一印象が強くなりますから、最初の「ハーン」の勢いを受けて、吐く息が長くなります。

――それは「ソー、ハーン……」で吐くときよりも、長い息になるということですか？

そういうことです。ですから「ソー、ハーン……」「ハーン、サー……」、どちらの順でもおこないますが、長い息を楽しみたいときは「ハーン、サー……」がおすすめですね。また「ハーン、サー……」は「ハンサ（hamsa）」とも変化し、これはサンスクリットで「白鳥」を意味します。日本の神話でも、ヤマトタケルノミコトが死後、白鳥になって飛んでいきましたが、インドでも白鳥は神の乗り物です。イメージトレーニングでなく、大空をはばたく感覚で瞑想ができるようになれば、その人は呼吸の魂を感じることでしょう。

――ここまでマントラを使った瞑想をやってきましたが、瞑想には、マインドフルネスなど宗教色をうすめた瞑想法もありますよね。ただ単に呼吸を意識するとか、浮かんだ思考をラベルづけするとか、現代的なアプローチでおこなうものです。そういう現代的な瞑想法と、伝統的なマントラ瞑想の違いは何ですか？

ひとつはいまやってきたように、マントラを使うとリズムが安定するということ。もうひとつは、マントラは何千年ものあいだ繰り返し唱えられ、また世界的にも至るところで唱えられています。ですから「共鳴」する力が強い。

――共鳴する力が強い？

はい、マントラのバイブレーションはいまでも地球を取り巻いて流れていますし、どこかで誰かが唱えている可能性が高い。

――たとえばいまこのときも、インドで唱えられているとか？　どこかで唱えられているかもしれないマントラと、共鳴するということですか？

はい。ヒマラヤでもヨーロッパでもやっているかもしれない。そのチャンスを狙います。瞑想は空間も時間も超えていきますから、現在に限る必要もありません。輪廻の中で何世も何世も名もなき行者たちによって、「オーン」や「ソーハム」のマントラは唱えられてきました。

これは余談ですが、ラマナ・マハルシが生涯を送った南インドのアルナーチャラの山にも、またチベットなどほかの国の聖地にも、それぞれの地で長年唱えられてきたマントラがあります。現地に行けばわかることですが、アルナーチャラなら「オーム・ナマ・シヴァヤ」、ネパールなら「オーム・マニ・ペネ・フーム」のマントラを唱えると、とても楽に瞑想できるのです。土地全体がマントラの残響に満ち満ちているので、簡単に共鳴が起こります。ですから最近つくられた瞑想法より、昔からあるマントラを使った方が「共鳴のチャンス」も多く、楽に瞑想できると思います。

7

――いままでやってきた瞑想法を続けていくと、最終的にはどうなるのですか？

どうということもありません。楽な息で「ソー、ハーン……。ソー、ハーン……」とやっているじゃないですか？　非常に単純で、なんでもないですよね。それが本当に身についてくると、夜、夢見ているときでも唱えるようになります。

――夢の中で「ソー、ハーン……」と唱えはじめるのですか？

はい。起きているときでも、夢見ているときでも「ソー、ハーン……。ソー、ハーン……」となります。

熟睡しているときに消えているのは自我意識で、先ほども申したように、自我意識が働いていないときでも真我の光、「純粋意識」は輝いています。ですから真我に、「純粋意識」に、長くとどまることができるようになれば、寝ながらにして真我を映し出すことが可能です。

――本当にマントラが身につくと、そういうことが起こるのですか。ちょっとこわい気もしますね。瞑想にそこまで求めていない人、あるいはヨーガの初学者が最初にめざすレベルとしては、どういう状態を目安とすればよいですか？

「吐く息で沈むの、楽しいね！」「この呼吸のリズム、いいね！」。先ほどまで皆さんとやってきたことを目安にすればよいです。楽しい感覚、明るい感覚、軽い感覚があれば、その瞑想はうまくいっています。呼吸の魂は大海の波、または鳥の飛翔です。心身をゆだねられる「気持ちよさ」を目安にしてください。

――一気にやさしいレベルになりました（笑）。

どんなレベルであれ、原則は同じです。使う技術も同じです。その技術の「精妙さ」は上達の度合いによって変わってきますが、やることは最初から最後まで同じです。ですから、たとえば「ソー、ハーン……」をずっと繰り返していけば、誰にでも解脱のチャンスはあります。ただそこに至るまでの時間、その人が積み重ねてきた経験量には、個人差があります。

そして繰り返しになりますが、どんなレベルでも「気持ちよさ」が目安となります。真我には喜びがあるからです。喜びや気持ちよさを感じているとき、人は真我に近づいていています。真我までたどりつかなくても、確実に真我に近づいてはいるのです。高いレベルなら高いレベルの、低いレベルなら低いレベルの、どのレベルにもその人なりの気持ちよさがあるのです。そこに優劣はありません。輝いているのは、同じ真我なのですから。

だから他人と比較せず、「自分の呼吸」「自分の気持ちよさ」を目安にすればよいのです。「最後はどうなる?」とか「次のレベルに行くには?」とか、先のことは考えなくてもよい。

――先ほどの瞑想だと「落ち着くなあ」「体がゆるむなあ」くらいの気持ちよさでした。

それでよいのです。それが続けばサットヴァです。極端に強い快感はラジャス（躁）の特徴で、リバウンドが来ます。気持ちが上がった後でドーンと落ち込みます。一方、ほどよいリズムのサットヴァであれば、いつまでも続けられるのです。真我の喜びに近づいています。ですから無理に真我を知ろうとするより、サットヴァの心地よさに馴染んでいくほうが、真我への近道になります。楽しくなければ、続けられませんよ。

――サットヴァのリズムは、サンスクリットのリズムでもある？

もちろんそうです。もっと単純に言えば「ヨ〜、ガ」のリズムです。いまの日本ではヨガの呼び名が主流でしょうが、語頭のつよいそのリズムでは、サットヴァの呼吸はつかめないでしょう。

――その呼吸は、入りは弱く、後半に山場が来るように。

はい。「ヨ〜、ガ」です。

8

では足を組んで坐ってみましょう。ヨーガにはさまざまな瞑想坐法がありますが、はじめての人には「スカアーサナ（安楽坐）」がよいでしょう（実技編二四三頁以降を参照）。

両脚を前に出して。左右に開いて。まず右脚を折り曲げてください。次に左脚を折り曲げて。両方の脚を床に置きます。「脚が楽だね〜」という感じはありますか？　スカアーサナの「スカ」は「楽」という意味ですから。まずはここまでが「スカ」です。そこから左足を右脚の上に乗せてください。

――足は、ももの高さまでは上げなくてよいのでしょうか？　ふくらはぎや、すねのあたりに乗せる。

はい。これがスカアーサナです。ヨーガの流派によっては、あぐらのように足首を交差させるだけの坐法をスカアーサナと呼ぶところもありますが、私の教室では、片足を上げて組んだものをスカアーサナとしています。

では次は両手を床につけて。体の両サイドを上げていきます。背骨の天地性を感じますか？

――両手の指で床を押して体重をかけ、背すじを伸ばしていく？

はい。このときのコツは、体の左右両サイドを持ち上げていくことです。体の真ん中に力を入れても、背骨は持ち上がらないですよ。

――背すじを伸ばそうと意識すると、逆に伸びなくなるということですか？

そういうことです。緊張してしまって、伸びません。これは大事な情報ですが、真ん中を伸ばしたいときは、その両側を伸ばすのです。両側を伸ばしていくことで中心がゆるみ、結果的に伸びるのです。これはすべてのアーサナに共通していえることです。

――なるほど。「背すじを伸ばそう」とはせず、「体の両側を持ち上げていく」のですね。

そうです。はい、次は骨盤の角度はどうですか？「仙骨」が後ろに倒れすぎると、腰が抜けて、背骨の天地性を表現できなくなります。

――慣れないうちは、お腹がくの字にへこみ、猫背の姿勢になる人も多い

スカアーサナ（安楽坐）

と思います。

はい、それは仙骨が後傾しすぎているのです。今度は逆方向に腰を入れて。お腹をグッと前に出す。

——胸を張り、背すじを伸ばした状態ですね。

はい。これは「反り腰」の状態で、仙骨が前傾しすぎです。息が苦しくて、長く坐れません。腰椎に負担がかかり、腰痛の原因にもなります。背骨の天地性もありません。

——骨盤は、後傾しすぎても前傾しすぎてもいけないということですか?

はい。コツはこれだと思います。まず体を左右に振ってみて。

――起き上がりこぼしのように、体を左右に傾けてみる。

そのとき床に当たるところがあるでしょう？　ここが「坐骨」です。

――お尻の底にでっぱりがありますね。左右に二か所、ゴリゴリします。

これが坐骨ですか？

はい、そうです。今度は前後に振ってみて。その次はまわしてみて。

――上半身を前傾させる、後傾させる。右回り左回りに回旋させる。

はい。当たるところがあるでしょう？　坐るということは、お尻全体で着地していることではないのです。

――たしかに。お尻の裏って普段意識しませんが、平担ではないのですね。

そうです。これが坐骨です。坐骨が着地している感覚があると、仙骨が起きてきます。はいもう一度、両手で体の両サイドを持ち上げる。仙骨が立つ、腰が伸びる、胸が伸びる。顎は床に水平に引き、後頭部を引き上げる。そうすると、背骨が上がって来ない？

――背すじを伸ばす順番としては、坐骨↓仙骨（ここまでが骨盤）↓腰↓胸、そして頭。石を積むように、下から安定させていくのですね。

そういうことです。坐法を取るうえで上半身にできることは、最後の微調整だけです。腰から下の骨盤のレベルで、姿勢は決まるのです。

それでは床から手を離して、膝の上に手を置きます。手の平は上に。これはエネルギー的な理由で、手の平からプラーナが出ているからです。プラーナを漏らさないようにします。そして「ムドラー」といいますが、印を結んでみましょう。人差し指と親指で円をつくって。この印を「チンムドラー」、下に向けたものが

「ギアナムドラー」といいます。

――人差し指と親指の先をくっつける？

はい。この印にはふたつ意味があって、ひとつは指先をつけることで、エネルギーが漏れないようにするということ。それからもうひとつは、親指が先ほどマントラでやった「彼《か》の者（ブラフマン）」、人差し指が「私（アートマン）」の象徴で、このふたつは分かれたものではないということを示しています。

――親指と人指し指をつけてみると、「ふたつがひとつになる」という感覚はわかる気がします。指は分かれていますが、同じ手から生えていますね。

そうでしょう？　また手の置き方は「叉手《さしゅ》」でもよいです。手の平を上に、両手を重ねて、お腹の前に置きます。親指が交叉します。左右どちらの手が上でもよいです。指で印を結ぶより、こちらの方が落ち着く人もいるでしょう。

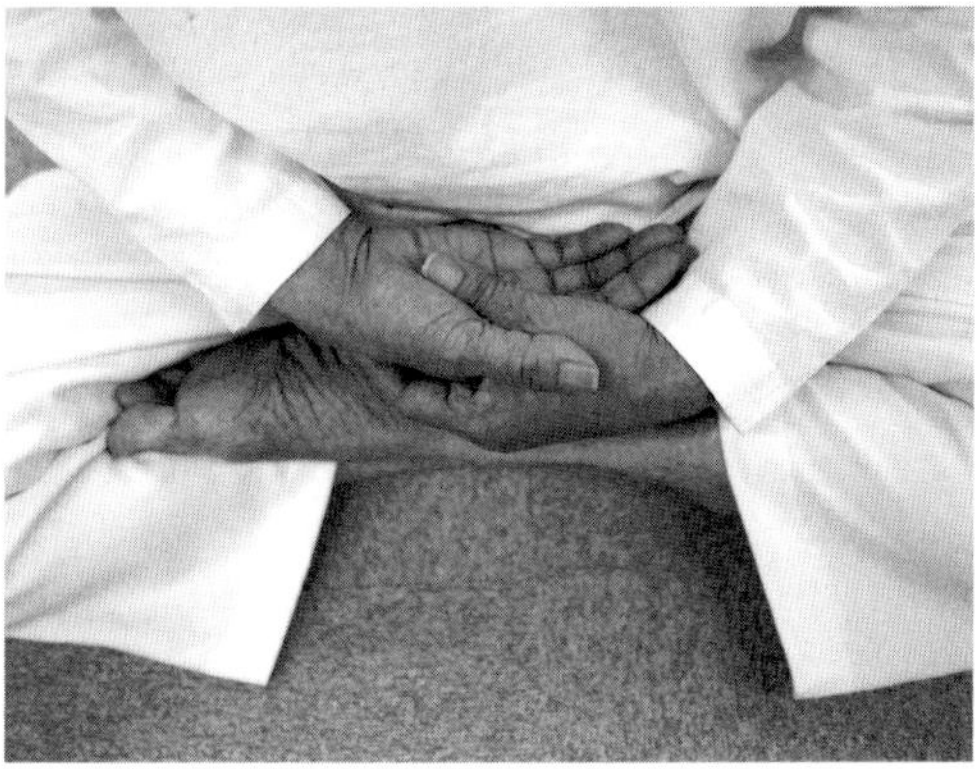

チンムドラー（上）と叉手（下）

――この手の形は、先ほどの「息を吐いて沈む呼吸」に合う気がします。吐く息の「受け皿」になるような。

はい、その感覚はすばらしいですよ！　ここまでがスカアーサナです。

9

――スカアーサナは「安楽坐」と言いますが、最初のうちは姿勢を維持するのも大変ですね。猫背になったり、脚がしびれたり。私は右膝が浮いて床につかないのですが、どうすればよいですか？

浮いていてもかまいません。完璧をめざす必要はないので、坐れたらよしとします。

――膝だけでなくお尻も右側が浮き、坐骨で言えば、左だけが床についている状態です。全身が左に傾いているようで、気持ち悪いのですが。

浮いても、傾いても、かまいません。いまある状態で、坐るのです。人は基本的に、下半身は左側が軸になっています。左右均等ではないのです。上半身は肝臓という大きな臓器が右側にあるため、右に重心がかかりやすいのですが、下半身は左脚が軸なので、左に重心がかかるのが自然なのです。

――人の体は、そういう風にできているということですか？

そうです。ですから先ほどやったように、スカアーサナでも左脚を上にする方が楽なのです。誤解している人も多いようですが、瞑想坐法では、左右均等に坐骨をつける必要はありません。やや左側に重心がかかっていてよいのです。それで「まっすぐに坐れて」います。そこで無理に左右を揃えようとすると、どんどん神経症的になっていきます。ゆったり坐るために坐法があるわけで、「骨盤の左右を揃えること」が目的ではないのです。

――なるほど。「仙骨の前傾と後傾」については？　前傾しすぎでも、後傾しすぎでも、よくないとのことでしたが。

一番無理がない仙骨の角度は三〇度です。仙骨がこの角度を取ることで、腰が決まります。腰椎が本来持っている、S字のおだやかなカーブが出てくるのです。これは絶対に瞑想に欠かせません（八三頁の図を参照）。

――この角度が、先ほど言っていた「仙骨が立つ」という状態ですか？　前傾しすぎでも、後傾しすぎでもなく。

そうです。この角度で仙骨が立つと、腰椎のカーブがおだやかになります。昔の日本人はこれを「腰が決まる」と言いました。腰が決まると、息も楽になります。瞑想坐法は、息を楽にするために組むのです。形を整えるためではありません。この姿勢が一番、息が楽なのです。もし坐っていて息苦しさを感じるなら、体のどこかに負担がかかっているとみてよいでしょう。

——骨盤の「仙骨」がよい角度になると、姿勢もよくなり、呼吸も楽になるということですか？

そういうことです。

——仙骨をこの角度にするには、どうすればよいのですか？

骨盤の準備運動をこれからやりましょう（実技編二四二頁を参照）。

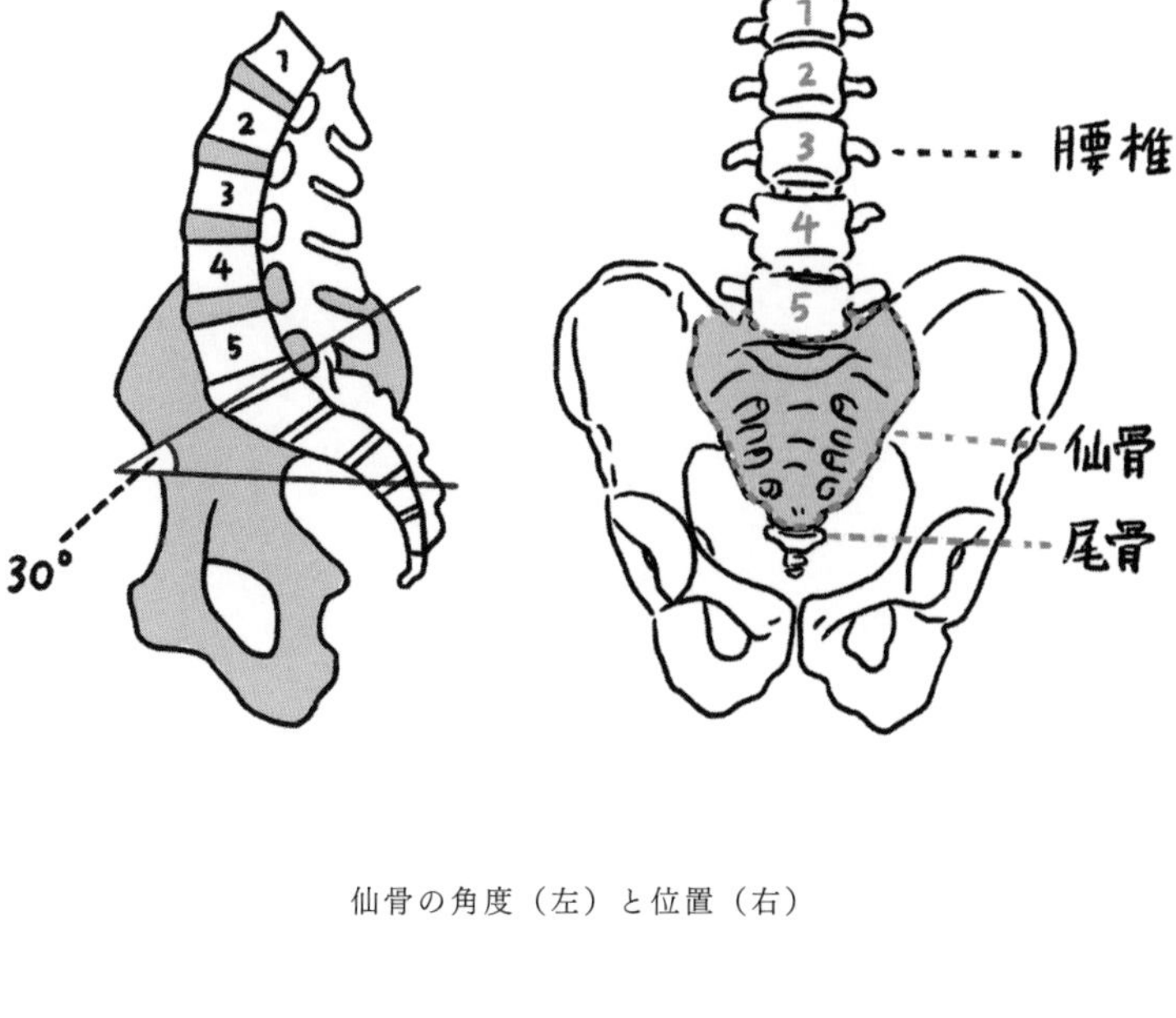

仙骨の角度（左）と位置（右）

10

はい、立ってください。両手を腰に当て、両足を揃えて、正面を向いて立ちます。

息を吸いながら右足をゆっくり、九〇度に開いてください。そして息を吐きながら正面に戻してください。しずか〜な息で。また息を吸いながら左を九〇度開き、吐きながら戻してきます。何度か繰り返してください。必ず呼吸と合わせておこなってください。

――腰から上をまわしていくということですか？

いいえ。骨盤をまわすだけ。上体はついてくるだけです。

――上半身は動かないようにして、足だけを開いていくのですね？

そうです。骨盤を九〇度開いて、また元へ戻すわけです。

――これは内ももの筋肉がつりますね。なかなかきついです。

はい、必要なことです。次は、足を揃えて膝を軽く曲げて。右足を九〇度、左足を九〇度開きます。

――両足が一八〇度開かないのですが、できる範囲でよいですか？

可能な範囲でかまいません。その状態でしずか～に息を吸いながら、ゆっくりと脚を伸ばして立ってきてください。膝裏を合わせて、股関節を固定してくださ い。この状態で直立します。これも何度か繰り返してください。

――これも内ももがつりますが、立ったとき、お尻もキュッと締まりますね。

そうです、締まります。ですから瞑想坐法でも、お尻はおだやかに締まるのです。リラックスしているけど、決してダラッとしていない。ふたつの相反するものが両立した状態です。背骨の天地性が生まれ、息が解放されます。

――このお尻の締まる感じが、「仙骨が立っている状態」ということですか？

はい。これがそのままスカアーサナの角度になります。この角度で坐ることができればよいのです。

――お尻はかなり締まりますね。それに支えられて、背骨も立つ気がします。この姿勢を維持するのは大変そうですが、まずはこの感覚を知ることですね？

仙骨も腰椎も、立っているときの状態で坐れればよいのです。坐っているときは、坐骨が足になる。立っているときよりも着地面積が広がり、安定感が増します。

——足で着地していると（直立していると）、体は「棒」の形ですが、スカアーサナで坐ると「三角」になりますね。底辺がずいぶん広くなります。

私の教室では、板張りの床の上でスカアーサナをおこないます。これには仙骨を立てる鍛錬の要素がありますが、長時間の瞑想をおこなう際は、座布団をふたつ折りにしたものをお尻に敷くのがよいでしょう。骨格の構造上、坐骨をつけて坐ると、仙骨の角度は三〇度にはならないのです。ほどよい高さのクッションを敷くことで、立っているときの三〇度を維持することができます。仙骨の立った理想的な状態で、坐ることができるのです。

クッションを敷いてのスカアーサナ
（仙骨を30度に保つ）

Chapter 2

プラーナとチャクラと肉体

1

――先ほどスカアーサナで印を結んだとき、「手の平からプラーナが出ている」と言っていましたが、どういうことですか？

ヨーガでは人間を五つの層に分けて、多重的に見ております。そのうちの生気の体である「生気体（エーテル体）」は肉体に近く、体の外側でまゆのように体を包んでいます。手の平が一番わかりやすいので、やってみましょうか。

目を閉じて、手の平に注目してください。息を吸うと、手の平が大きくなっている。息を吐くと、手の平が小さくなっていく。息を吸うと、手の平が大きくなっている。吐くと手の平が小さくなっていく。これは「手の平が息をしている」ということです。息を吸うと大きくなる、息を吐くと小さくなる……。

――目を閉じて、手の平を意識しつづければよいのですか？

はい。手の平が息で動いています。これは感じ取れるでしょう。全身、息をしているのだから。

――しばらくやっていると、指先がビリビリするような感覚は出てきますね。

プラーナが集まってきているのです。そのまましばらく続けてください。

――ふだん、手だけを意識することってないので、こそばゆいような、不思議な感じがします。手だけ別の生き物というか、「手も生きているんだなあ」みたいな。

そうです。手の平が息で動いているのです。手の平の外も動いています。生気体は呼吸の体ですから、息で動くのです。そして「意識したところに呼吸で集められる」のが、プラーナの特徴です。これは瞑想でもアーサナでも、ハタヨーガのすべての技術の基本になりますから、必ず身につけてください。この技術がないと、ハタヨーガはただのストレッチや呼吸法になってしまいます。

これは大事な練習です。呼吸でプラーナを手の平に集めて、しずか〜に天井に向かって吐いていってください。しずか〜に手の平に息を吸って。ちょっと止めて。天井に向かって、しずか〜に吐いていきます。

先ほどの瞑想で「ソー、ハーン……」とやったように、「ソー」で手の平に吸って。一、二秒止めて、「ハーン……」で天井に向けて吐いていきます。放っておくと、プラーナは放射状に広がるので、範囲を少し狭くします。手の平の中心に吸って、ちょっと止める。手の平の中心の円から、ビーム状にプラーナを上げていきます。天井まで上げてよいです。意識を向けると、そのように動きます。

――「手の平にプラーナを吸う」というのは、具体的にはどうやるのですか？

体の中心から手の平に吸うのです。

――体の中心から？　いまやってみたのは、「息を吸いながら、イメージで空気中のエネルギーを手の平に集める」感じだったのですが。

いいえ。息を鼻から吸って、胃の裏側の「太陽神経叢」に集めて、そこから手の平に吐いていきます。

――「体の中心」というのは「胃の裏側」ということですか？

はい。それが難しいようなら、鼻から吸ったプラーナを、肩を通して、手の平に集めて吐いていく形でもよいです（左頁の図を参照）。肉体レベルでは、吸った空気は肺に入るでしょうが、生気体のレベルでは、プラーナは意識したところに集まるのです。

プラーナ（生気）を集める練習

――肉体とはまた別に、生気体の意識や感覚というものがあるのですか？

生気体は肉体よりもやや微細ですが、別のものではありません。肉体の外側から肉体を包んで、肉体を支えてくれています。先ほどから見ている図（一〇一頁を参照）のように、ヨーガでは人の体を五つの層に分けて見ますが、外側にある層は、その内側にあるすべての層を包んでいるのです。生気体は肉体を包んで、さらに微細な心の体は、生気体も肉体も包んでいます。だって心と体がバラバラだったら大変でしょう？　いずれにしても手がかりになるのは肉体ですから、難しく考えずやればよいのです。

――「鼻↓肩↓手の平」というルートをイメージしながら、息を吸うということでよいでしょうか？　プラーナのイメージが摑めないのですが、「空気中に含まれているエネルギー」と考えればよいですか？

はじめはそれでもよいでしょう。ですがイメージではありません。実際に存在しています。

――慣れてくると、プラーナを見たり感じたりできるようになるのですか？

はい、できるようになります。鼻から吸って、肩を通して、手の平に集めます。「ソー」で吸って、「ハーン」で吐いてごらんなさい。集まったプラーナが手の平から出ていくでしょう？　生気体は全身、息でできています。だから人は、意識すれば体のどこででも息が吸え、どこででも息が吐けるのです。

――先ほどの瞑想では、吐く息に合わせて、お腹に何か沈んでくる感覚がありました。ですがこの練習は、ちょっと感覚がつかめません。

だったら、これが一番わかりやすいかもしれない。両手の平を軽くこすり合わせてください。力は入れず、前後に軽く。しばらく続けてください。
どうですか、手の平と手の平の間に、皮一枚のすき間感が出てきませんか？ そしてちょっとヌルッとしてくるんです。プラーナがかかってきた証拠です。
われわれが呼吸でおこなっているのは、酸素と二酸化炭素の交換だけではありません。もっと精妙なものが空気には入っています。それがプラーナです。

――プラーナを日本語でいうと、どうなりますか？

「生きている気」としか言いようがないなあ。生気。それがプラーナです。インドの正式な名前はとても素敵で「プラーナヴァーユ」。直訳すると「生命を運ぶ風」という意味です。

――プラーナには、風の感覚があるということですか？

あります。ですからハタヨーガというのは、風とともに行くヨーガです。体を流れる風、宇宙を流れる風に乗ります。

――その風が「生命の気」、生気であると。生命のエネルギーが「風のような感覚」として実感できるようになるのですか?

もちろんです! 全身に風の渡る感覚が出てきます。その生命の風に乗って、どこまでも行くのがハタヨーガです。先ほどのエネルギーの五つの層でいえば、われわれの日常的な意識では、生気体より外の微細な層を見ることはできません。ですがプラーナはすべての層に行き渡り、どんどん微細になっていきます。ですから呼吸をどこまでも微細にしていけば、その息で最後まで行けるのです。呼吸は心の乗り物です。これがハタヨーガの基本の立ち位置です。

それでは片鼻交互呼吸の「プラーナヤーマ（別名スカプルヴァク）」を体験しましょう。「プラーナ」と「アーヤーマ」で、プラーナヤーマ。アーヤーマが「制御する」ですから、呼吸によるプラーナの制御ということになります。

左頁の図のように、背骨を中心として、左右にプラーナの通り道が交差しています。左側が月の道で「イダー」、右側が太陽の道で「ピンガラー」といいます。名前は覚えなくてもよいですが、片鼻交互呼吸のプラーナヤーマでは、この左右の道に交互にプラーナを通していきます。

ハタヨーガの「ハタ」とは「力」のことで、これは尾骨に眠る「クンダリニー・シャクティ（エネルギー）」のことを指しているのでしょうが、俗説では「ハ」が太陽で「タ」が月、「太陽と月の道のヨーガ」という解釈もあります。こちらの方がハタヨーガの特徴を正確に言い表していると、私は思います。プラーナヤーマでは、左の鼻孔が「月の道」の入り口で、右の鼻孔が「太陽の道」の入

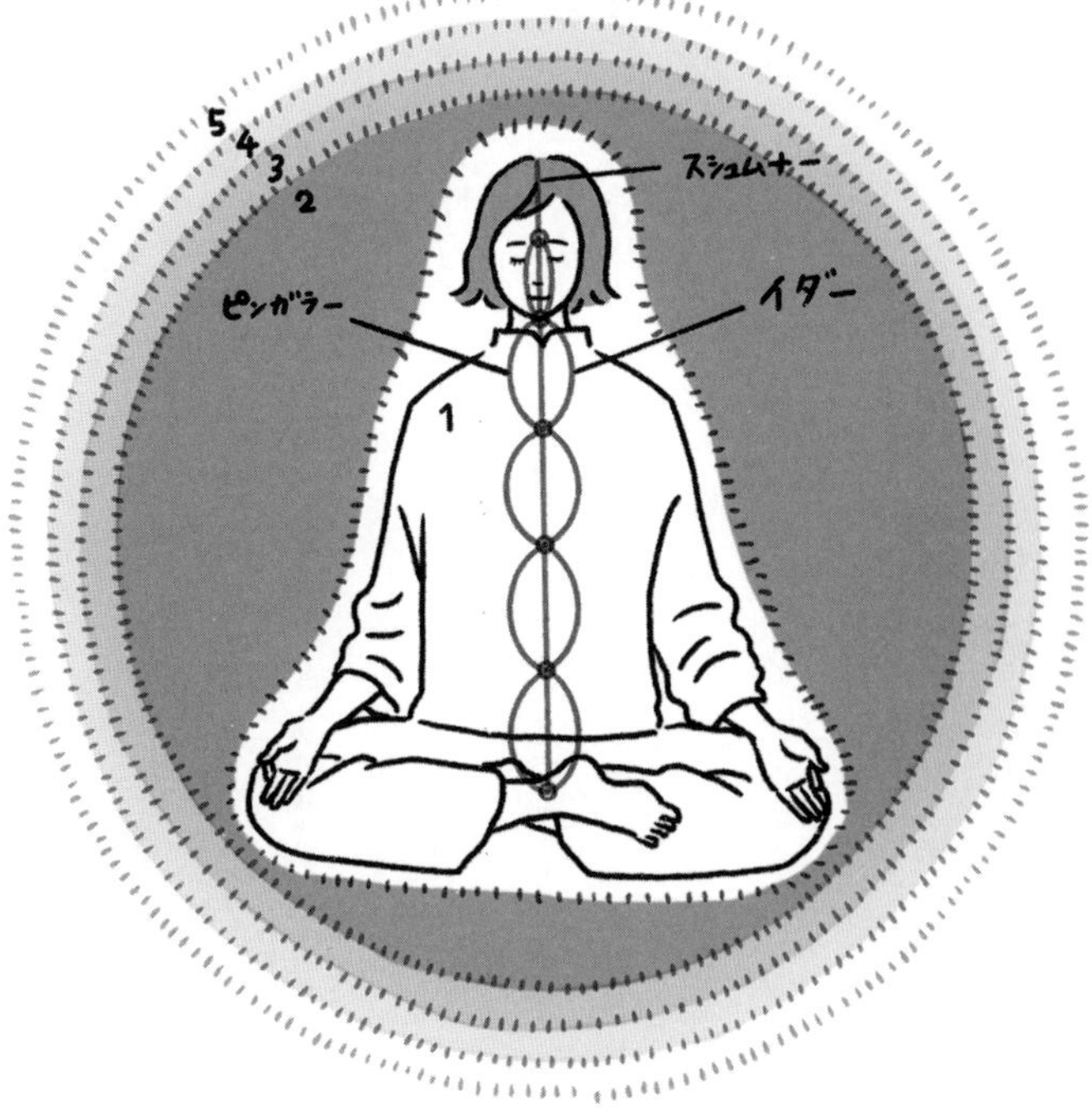

ヨーガの人体図

5つのエネルギー層

1. 肉体　2. エーテル体　3. アストラル体　4. メンタル体　5. コーザル体

プラーナの代表的な通り道

イダー（月の道）　ピンガラー（太陽の道）　スシュムナー（背骨を通る中央の道）

7つの代表的なチャクラ

スシュムナーに根ざすエネルギーの「輪」（図の丸印）

り口となります。片鼻ずつ交互に呼吸をすることで、月と太陽のバランスをとっていきます。陰と陽、相反するエネルギーの均衡が生まれれば、サットヴァのリズムとなります。これがハタヨーガの生命線です。

先ほど瞑想で「いいね！」という感じになった人は、息が左右の鼻腔をバランスよく通っていたはずです。片鼻が詰まっているときは、瞑想をしてもなかなかうまくいきません。ですから意識的な呼吸で左右のバランスをとっていくのが、この呼吸法の目的です。

それではやってみましょう。スカアーサナを組みます。静かに目を閉じて、左手でチンムドラーを結んで。右手は「ウィシュヌムドラー」、人差し指と中指が親指の付け根に入った形にします。親指で右の鼻孔を押さえ、薬指と小指で左の鼻孔を押さえて、交互に鼻呼吸をしていきます（一〇四頁の写真を参照）。

①右の鼻孔を押さえて。まず左の月の道から息を抜きます。

②抜き切ったら、左の月の道から四拍で息を吸います。

③吸ったら、薬指と小指で左の鼻孔を押さえ、息が漏れないように四拍止めます。

④ そこから右の鼻孔を開いて、八拍で吐いていきます。
⑤ 吐き終えたら、右の太陽の道から四拍で吸います。
⑥ 吸ったら、親指で右の鼻孔を閉じて、四拍止めます。
⑦ 左の鼻孔を開いて、月の道から八拍で吐きます。

ここまでが一往復となります。この呼吸法をおこなうときは、少なくとも四往復はしてください。それ以下の回数では、手ごたえがないでしょう。

呼吸の長さを「四拍」「八拍」と拍数で数えてきましたが、基本的には「秒」で結構です。四秒、八秒と、心で数えてください。少々ずれても結構です。このときヨーギ（ヨーガ行者）は心拍数で計ります。呼吸が落ち着いてくると、心臓の鼓動は一分間で六〇拍になるので、正確に計れるのです。皆さんは自分なりの秒数でよいですから、四秒、四秒、八秒。「吸う、止める、吐く」を一：一：二の比率のペース配分で練習していきます。

――「吸う、止める」まではできましたが、吐く息が続かないです。八まで行かず、四とか六のあたりで息切れします。肺活量はある方なのですが。

1

2

3

プラーナヤーマ（片鼻交互呼吸）
1. 左鼻孔（月の道）開く。
2. 両鼻孔閉じる。
3. 右鼻孔（太陽の道）開く。

それは最初の息の吐き出しが強すぎるのです。肺活量は関係ありません（笑）。どれだけたくさん吸っても、最初の入りが強すぎれば、やはり途中で息切れしますよ。プラーナヤーマにも緩急は必要です。先ほどやった「ヨ〜、ガ」のリズム、サンスクリットのリズムです。

——最初は弱めに、だんだん強く吐いていくということですか？

そういうことです。最初、軽く吐いておいて、後半に山場が来るように、なが〜く吐いていきます。吸った量が少なくても、リズムさえよければ、八秒でも一六秒でも吐けます。コツは力の配分です。ですからこの片鼻交互呼吸は、「持っているエネルギーをうまく使っていく練習」にもなります。これはアーサナにも瞑想にも、ハタヨーガのすべての技術に応用ができるものです。ですから八拍の中での「ヨ〜、ガ」のリズム、「いち、にい、さ〜ん、し」のリズムを、各自で探していってください。

――左の鼻が「月の道」、右の鼻が「太陽の道」の入口ということですが、具体的にはどのような違いがあるのですか？

はい。プラーナは、左の月の道から入るとマイナスの働き、右の太陽の道から入るとプラスの働きとなります。

――そのプラス、マイナスというのは、体に何かの影響を及ぼすのですか？

よい質問です。基本的に、マイナスは鎮静効果、冷やす力、支える力を持っています。そしてプラスが温める力、熱の力、開く力を持っています。ですから、ヒマラヤとかの雪山で修行するときは、右の太陽の道のプラスを優勢にします。では暑い場所ではは左を優勢にするかというと、あまりそういう話は聞きませんが、寒い土地での修行では、ともかく右に頼るんですよね。

——太陽の道にプラーナが通ることで、体が温まるのですか？

そういうことです。ですから片鼻交互呼吸で右から左、右から左、右から左、とにかく右から左へ息を抜いていくのです。普通は左右均等におこなうのが王道ですが、寒さに耐えられないような環境では、右から左に抜いていくのです。

——太陽の道には、実際に温熱効果があるのですね？

もちろんあります。チベットやヒマラヤなど高山で修行する者にとっては、何より切実なものです。

——ただし通常の練習では、月と太陽の道を交互に、左右均等に呼吸すべきであると。プラスとマイナスのバランスが取れたとき、ちょうどよいサットヴァのリズムが生まれると。

そうです。瞑想をしていて「あ、これだ！」という感覚のあるときは、左右の息が均等になっているときです。本当に調子がよいときは、必ず左右が均等です。ただ通常、人の息は左か右のどちらかが優勢で、二時間おきに左右の優位が入れ替わっています。これもヨーガの発見のひとつですが、確かめてみれば、その通りだとわかります。

――それはたとえば片鼻交互呼吸をしたとき、「右が詰まっているな、左は通りやすいな」という感覚としてわかるということですか？

はい、最初のうちはそれでよいです。

――そのとき、右を通すために、右鼻だけ連続で呼吸するのはどうですか？

インドにもそういうヨーギはいますが、偏りを生むのでおすすめしません。一番大事なのは「均衡」ですから。どちらが詰まっていても左右均等にやることです。そうして均衡が生まれれば、結果的に右も左も息が通るようになるのです。

3

それでは、もう四往復やってみましょう。今回は体験版ですから、四秒、四秒、八秒でやっていますが、息が続くようになったら、八秒、八秒、八秒でおやりになるとよいでしょう。十分な効果を得られます。ただそれ以上の長さになると、心臓に負担がかかりますので、八秒、八秒、八秒の計二四秒以内にとどめてください。

さあ皆さん、どんな感じですか？「いいね！」という感じはありますか？よい意味で日常の意識を超えていくでしょう？　瞑想だけでこれだけの状態をつくるには、かなり時間がかかりますよ。ですから瞑想や坐禅をおやりの方は、最初にこの片鼻交互呼吸をやっておくと、スムーズに入ることができます。

どうですか、眉間が明るくなってきませんか？　ヨーガがなぜ鼻で吸って吐くのか。口呼吸ではこうはなりません。鼻から吸うとき、眉間にプラーナが入っているからです。

はい、左から四拍でプラーナを眉間に吸う。四拍止める。今度は眉間から右に、八拍で吐く。

右から吸って、プラーナを眉間に入れる。力まずに止める。気持ちを保持する。眉間が輝いてくるでしょう？　喜びがあるでしょう？　これが「アジナー・チャクラ（第三の眼）」です。

はい左の鼻孔を開いて、抜いていく。吐くときはそんなに注目しなくてよい。息を吸うとき、眉間にプラーナが入ってくるときに注目します。にらみつけてはいけない。過度の集中はいけない。しずか〜に息を止めて、眉間に気持ちを置きます。

――まぶたの裏に、白いモヤのようなものがうっすら見えます。「明るい」までは行きませんが。

人はリラックスすると、まぶたの裏に色が出てきます。さまざまな色が出てきますが、どれも「リラックスしましたよ」という証しです。これは誰にでも起きていることなのですが、普段は一瞬にしてそこを通過してしまっているので、気づかないのです。プラーナの色は「白」ですが、チャクラの色はさまざまです。眉間なら眉間、喉なら喉、胸なら胸と、それぞれのチャクラに対応する色がありますす。その色が出てきたら「このチャクラにエネルギーが集まりましたよ」というサイン。眉間のアジナー・チャクラの色は、私の場合は「白光」です。

――では、この白いモヤのようなものも、プラーナということですか？

はい。プラーナが通るようになると、もっとはっきりしてきますよ。私の感覚では、プラーナの色は「雪のように真っ白」です。

――なるほど。ここで「チャクラ」という言葉が出てきましたが、先ほどの図（一〇一頁を参照）では、「月と太陽の道」の中央に並んでいるのがチャクラですね。いまの片鼻交互呼吸で「眉間にプラーナを入れて」と言っていましたが。

はい。鼻孔に太陽の道、月の道の入り口があり、眉間のチャクラまでエネルギーのルートがつながっています。そこをプラーナが通ります。生気体では、鼻と眉間は直結です。それを感じてほしかったのです。

——月と太陽の道は、チャクラとつながっているのですか？

はい。眉間のアジナー・チャクラと、尾骨のムラダーラ・チャクラの二か所で、合流する形でつながっています。

——鼻呼吸でプラーナが入ると、眉間のチャクラにも影響が出てくる？

もちろんです。だから明るくなるのです。プラーナは明るいので、満ちてくると明るくなります。先ほどのヨーガの人体図（一〇一頁を参照）のように、体の左右を月の道と太陽の道が交差していますが、眉間のアジナー・チャクラも「太陽と月」の象徴です。左側が月で、右側が太陽の要素となっています。

これは古代の人たちの観察で、言われてみれば太陽と月は大きさも地球からの距離もずいぶん違うはずですが、地球から見るとほぼ同じ大きさなのです。インド哲学では人間の本質と宇宙の本質は同じですから、人体を小宇宙と見て、眉間の右側は太陽の影響を受け、左側は月の影響を受けている。眉間を太陽と月の場所と見ています。

――地上からは同じ大きさに見える月と太陽を、眉間の左右に見立てたということでしょうか。明け方や夕暮れの空には、月と太陽が左右に見えるときもありますね。

はい。ほかのチャクラも、古代のインドで見えた惑星を当てはめておりまして、喉のチャクラが水星、胸のチャクラが金星、おへそのチャクラが火星。仙骨のチャクラが木星、尾骨のチャクラが土星となります。

――望遠鏡のない時代に見えていた惑星ということですね。図を見ると、頭頂にもチャクラがありますが？

はい。眉間から上は「超越性」の領域になっています。ハタヨーガの技術で集中するのも、基本的には眉間のチャクラまでで、頭頂部の「サハスラーラ・チャクラ」は、ほかのチャクラとは別格と見ております。

――天体に例えてはいないのですか？

はい。サハスラーラ・チャクラは超越しているので、何ものにも例えられないということです。こちらから働きかけることができる眉間までを、目に見える星に例えているところが、おもしろいと思います。

――なるほど。チャクラが天体に例えられていることはわかりました。それで実際の役目というか、それぞれのチャクラは人体ではどのような役割を果たしているのですか？

チャクラとは「輪」の意味で、エネルギーの輪のことです。人体でプラーナが集中している場所と考えればよいでしょう。一番下、尾骨のムラダーラ・チャクラが、簡単に言うと「ともかく生き残るぞ」。根源的な生命エネルギーです。また、この宇宙とわれわれをつくっている物質的な要素、個体の要素、「地」の要素でもあります。

次の仙骨の「スワディシュターナ・チャクラ」が、性的エネルギーの場所、みずからのよりどころ。液体の要素、「水」の要素となります。ムラダーラ・チャクラは「ひたすら生きる」という感じでしたが、ここでは「男として女として生きたい」という段階になります。

――人の命に例えると、まずは「オギャー！」と産声をあげて生まれてきて、幼児のうちは曖昧な性別が徐々にはっきりしてくるような？

そうです。そして次のおへその「マニプーラ・チャクラ」になると、「生きていく力」になります。水が水蒸気となっていく熱の要素、「火」の要素となります。胃腸の消化活動を司り、エネルギーを生みます。

――一番下のムラダーラ・チャクラも「根源的な生命エネルギー」で、生きていく力でしたよね？

はい。お腹に来ると「生きるための作戦を立てる力」になります。うまく生きていこう、根源的な力を上手に発揮していこうというかな。

――動物的ではなく、社会の中で人として生きていくということでしょうか。自我が発達してくることで。

そういうことです。そしてその次の胸に来ると、ここではじめて「共感」が出てきます。「アナーハタ・チャクラ」、すなわち「風」の要素です。

――風はさまざまなものを運びますから、人の気持ちや思いも運び、コミュニケーションを司るということでしょうか。

はい、他者への共感が出てきます。次の喉は、声や言葉といった表現を司りますから、はっきりその人の個性や才能が出てきます。「ヴィシュッダ・チャクラ」「空《くう》」の要素です。

――「空《くう》」とは？

「アーカーシャ（空間）」のことです。ヨーガでは「空間」も精妙な「物質」と見ているのが、おもしろいところです。

――空間も物質の一部である？　チャクラをまとめると、下から順に「大地」があり、「水」があり、雨となり川となり、「熱」や気圧で「風」が起こり、さらにそれらすべてが存在している「空間」がある？

そういうことです。下から順に、世界の成り立ちと人間の成長段階を表しています。ですから開発するときも眉間で照らし出しながら、下からおこないます。そして眉間の第三の眼、アジナー・チャクラまで来ると、物質や日常的な意識を超えた、超越的な領域となってきます。

――「第三の眼」とは、具体的にはどんな働きをするのですか？　プラーナが入ると明るくなるということですが。

アジナー・チャクラは「個人を超えた心の眼」です。通常の視覚とは違ったものを見る力があります。プラーナが入ると明るくなり、微細なエネルギーを照らし出します。

――「通常の視覚とは違ったものを見る」とは、具体的にはどういうことですか?

第三の眼は壮大なイマジネーションを持っています。ここが本当に機能すると、斜め上の空間に、大型スクリーンのように、その人の宇宙レベルのイメージが投射されます。自我を超えた情報が、外側に出てきます。その内容は人それぞれですから、出てきたときのお楽しみとしておきましょう。無理して見るものではありませんし、それを見ることがヨーガの目的でもありません。見えたとしても、「ああ見えたね。そうだったんだね」とそれだけのことです。

――第三の眼であるアジナー・チャクラが開くと、その人の潜在的な記憶やイメージが出てくるということですか?

はい。それを霊能力とか超能力とかいって、他人の後ろに照らし出された情報を見て、いろいろなことを言う人もいるでしょう。私はまったく興味ありませんが。ヨーガの目的は、他人を知ることではなく、自分を知ることです。「純粋意識」を知ることとです。他人のあれこれが見える人に限って、自分のことは見えていない気もします。ラマナ・マハルシも言っています。「自己（引用者註＝「純粋意識」のこと）を知らない人がどこにいよう。それなのに人々は、この真理を耳にすることさえ好まない。彼らは、彼方にあるものや天国、地獄や再生については熱心に知りたがる。彼らは不思議を愛しており、真理を愛してはいない」

第三の眼が開発されても、特に何も見ない人もいます。気にすることはありません。途中で何も出てこなくても、本当の自分である「純粋意識」まで行けるからです。

ともかく第三の眼というのは、その人の日常的な思考を超えていることは間違いありません。自分の内側だけでなく、外側にも向いているので、普段の暮らしの思わぬところから、自分を生かすヒントが入ってくるようになります。

――それは、直感が鋭くなるということですか？

はい、鋭くなりますね。自分にとって本当に必要な情報を収集する直感は、ものすごく鋭くなります。

4

――一番上にある頭頂のチャクラの役割は？

ここから体の外へ出ていくことができます。人が死ぬときに持っていくものが、ここから全部出ていきます。

――それは幽体離脱のようなものですか？

いえ。幽体離脱の場合にはまだ「幽体」という組織があるような感じがします。息がもっと精妙になってくると、その幽体もなくなり、通常のプラーナとは別のバラ色の本当に微細な生気で頭頂から出ていきます。もの珍しさでこれを試してみる必要はありません。

――ひとつ下の眉間のチャクラ、第三の眼の開発は、危険ではないのですか？

やり方によっては危険で、というよりうまくいきません。先ほどやったように、眉間に入ったプラーナを「明るいね」と感じるぶんには何の問題もないのですが、たまに眉間をにらみつけてしまう人がいます。精神集中で両目をひっくり返し、血液の循環まで止めてしまいます。

――無理に何か見ようとして、集中する感じですか？

そうです。だから無理に集中してはいけません。先ほども言ったように、チャクラは下から開発していくものです。まずは土台から安定させるのです。そうすれば安全で、自然に開いていきます。またチャクラには対応関係があり、眉間のチャクラは会陰のチャクラと対応しています。ですからもし眉間を開発したいのなら、アーサナなどで仙骨を開発することです。それで結果的に、眉間も開発されるのです。部屋の換気をするときも、南側に風を通したかったら北側の窓を開けるでしょう？

プラーナは風ですから、人の体も同じことです。「上を開発したいなら、下から行け」「真ん中を通したいなら、両側から行け」。ハタヨーガの原則です。

——仙骨など、下の方にあるチャクラの開発に、危険はないのですか？

乱暴なやり方をすれば事故も起きるでしょうが、節度をもっててていねいにおこなえば、何の問題もありません。

5

はい、今度は「バンダ」に挑戦してください。バンダとは「しばる」ことで、呼吸で取り入れたエネルギーを漏れないように封じて、中心に集めていきます。ヨーガでは背骨を生命の通り道と見ていますので、背骨にプラーナを集めます。普段、体の中でいろいろな方向に流れているプラーナを、すべて背骨に集めて上げていくのです。ハタヨーガにおける「スピリチュアル」とは、神や仏といった観念的なものではありません。「背骨の真ん中に風が通る」という意味です。

まず「ムーラバンダ」です(実技編二五〇頁を参照)。「ムーラ」は「根」で、骨盤の基底部のことです。骨盤基底部は、人間を支えている根です。

坐った状態で両脚を伸ばして、開いて。静かに左の足を寄せて、生殖器と肛門の間の会陰に踵をつけます。右脚は膝を立てます。左足の踵で会陰の様子をモニターできるとよいですね。

――踵で会陰を感じようとする？

はい。この会陰と尾骨に、大きな力が眠っています。目を閉じて。静かに肛門を締めて。骨盤の底を、息を吸いながら「ぎゅ〜、うっ」と引き上げましょう。そのまましばらく息を止めて……、やさしくゆるめてください。ドスッとゆるめないように。

骨盤の感覚を磨いてください。また息を吸いながら肛門を締めて、引き上げて、肛門と直腸が意識できますか？

――直腸は、肛門の奥ですね？

はい。止めた息を静かに吐きながら、やさしくゆるめます。

――息を止める時間は決まっているのですか？

いいえ。これは「クンバカ（息の停止）」で呼吸が止まりますから、苦しくなる前に、ゆるめればよいです。

――息が苦しくなる前に、吐いてゆるめる？

はい。では、また肛門を締めてください。今度は生殖器と肛門の間の「会陰」に感覚を向けて、「ぎゅ〜、うっ」と引き上げます。慣れないと「会陰ってどこだ？」となるでしょうが、ハタヨーガでは、会陰の感覚を持つことは絶対に必要です。

――踵が会陰から離れて、ぴったりつかないのですが。

つかなくてもよいです、感じてください。会陰は体の一番下の支えです。皆さん普段おろそかにしていますが、とても大事な場所です。

はい、また肛門を締めて、「ぎゅ〜、うっ」。今度は、生殖器がどうなっているか意識してください。

――肛門↓会陰↓生殖器と、引き上げるポイントが上がってきていますね。

はい。ムーラバンダでは、骨盤基底部が全部動きます。意識するところを分けているだけで、バラバラに動いているわけではありません。今度は、恥骨の上がどうなっているか、感じてみてください。

――恥骨はどこにありますか？

生殖器の上のところに出っぱりがあります。さわればわかります。しずか～に引き上げて、停止。やさしくゆるめます。これもドスッと置くことを禁止します。はい、ではいま意識したところを全部合わせて、骨盤基底部全体を引き上げてください。静かな息で「ぎゅ～、うっ」と引き上げて、止める。意識したところすべてに意識を置いてください。

やさしくゆるめます。

はい、仰向けに寝て、「シャバアーサナ（屍の姿勢）」（シャバアーサナについては本書の一九三頁以降で詳述。実技編二七〇頁以降を参照）。いまのムーラバンダがうまくいった人は、骨盤の中のスペースが広がって明るくなり、頭が静かになり、大きな喜びがあるはずです。

――仰向けになって、目を閉じて、骨盤のあたりを意識すればよいのですか？

はい、足は腰幅より少し開いて、腕も少し外側に広げます。板張りなどの固い床で行なってください。下がやわらかいと、背中の感覚が出ません。

骨盤のスペースはどうですか？　リラックスして、風が通っていますか？　骨盤の基底部は、重力で普段潰れています。立っているときも、座っているときも、潰れています。寝ているときだけは潰れないので、われわれに睡眠が必要なのは、骨盤基底部を休める意味もあります。

――骨盤の中にも「空間」があるのですね。骨のかたまりだと思っていました。

とんでもないです！　広いでしょう？

――ぼんやりとですが、広さを感じます。息がゆっくりになるにつれ、広がっていく感じです。

それがスペースです。空間です。ムーラバンダで生まれた「すき間」に、プラーナの風が渡っているのです。

――なるほど。海が広がるような感覚もあります。骨盤基底部が潰れていると、何が不都合なのですか？

骨盤の中にある全器官が圧迫されて潰れます。

――腸や膀胱、生殖器の調子が悪くなる？

はい。そしてここは人間の支えです。われわれは気づいていませんが、歩く、立つ、坐る、日常の動作をすべて支えてくれているのが、骨盤基底部なのです。ここが機能しないと、人は活動できません。「おろそかにしてごめんな。いつも支えてくれてありがとう」と、ねぎらいの気持ちをもって休ませましょう。足は骨盤の上にある腰から出ている組織ですから、骨盤の基底部が「人間の底の底」ということになります。

――「人体の底」は、足の裏ではないのですか？

はい、足は底ではありません。アーサナのときにまたやりますが、足は股関節からではなく腰から、腕は肩でなく背中から生えています。スカアーサナのときに「坐骨を足にして坐る」と言いましたが、発生学的にいえば、骨盤の方が足よりも下部の組織なのです。骨盤基底部が、人間の底です。

では起きてください。次は「ウディアナバンダ」に挑戦しましょう（実技編二四八頁以降を参照）。インドにはさまざまなヨーガがありますが、昔のインドではウディアナバンダをやっていると、「あの人はハタヨーガの行者だな」と言われました。ウディアナバンダは、ハタヨーガを代表する技法ですから、皆さんもぜひ技を磨いてください。

6

はい、立ってください。両手で、胸骨から肋骨の下を触ってみて。

――みぞおち周りに指を差し込んでいく感じで。「ハ」の字に骨が伸びていますね。

はい。脇腹までおこなったら手を持ち変えて。吐く息で肋骨を「ぐ〜、うっ」と持ち上げる。お腹がへこみ、胸部が上がります。

――肋骨が上がりません。息を吸い込めば、少し上がります。

通常の呼吸では、息を吸うと横隔膜が下がり、胸部が広がり（上がり）、中にある肺もふくらみます。ですがウディアナバンダでは、横隔膜の動きが変わります。吐く息で上がった横隔膜を、さらに技術で上げるのです。

「ウディアナ」とは「飛び上がる」という意味ですから、「プラーナが飛び上がる」というのが正確かな。飛び上がった横隔膜が、吸う息で下りていくとき、みぞおちに広いスペースが生まれます。とても大事な技術です。

ウディアナバンダはお腹を締めてプラーナを上げる技術ですが、喉も締めておこないます。飛び上がったプラーナが脳を直撃すると危ないので、喉で蓋をするのです。まずは喉の締めからやりましょう。

顎を引いて、鎖骨のくぼみにつけます。喉に蓋をします。息は止めずに静かに呼吸します。この喉の締めは「ジャーランダラバンダ」といって、単独でおこなうこともあります。「ジャラー」が「水」ですから、「水を保持する」といったところかな。プラーナは「風」ですが、ここでは水に例えています。お腹が水がめで、プラーナを貯めていきます。

それではウディアナバンダをやりましょう。膝を曲げて、両手を膝につけて腕で支えます。膝はあまり深く曲げずに、楽な姿勢でおこないます。

まず、のんびりお腹をゆるめて。鼻から息を吐いて、おへそが背中につくように「ぐ〜、うっ」と引きつけて。顎を引いて、喉を締めます（ジャーランダラバンダ）。ウディアナバンダも、呼吸はすべて鼻でおこないます。

おへそがこれ以上つかないところまで来たら、息が止まりますので、そこで「息を吸う真似」をして、お腹を斜め上に引き上げます。「ぐ〜、うっ」と吸いつけて、みぞおちが真空になる。お腹がピタッと斜め上につきます。

そのまま停止。しばらく止めたら、お腹をゆるめ、顎をゆるめ、やわらか〜く少し息を入れます。そこからさらに吸う息で上体を上げてきて、喉を解放する。吸った息をゆっくり抜いて、お腹をゆるめます。

——「みぞおちを真空にする」というのは、袋（お腹）の空気を抜いて真空パックにするようなイメージですか？

はい、そうです。ではもう一度構えて。のんびりお腹をゆるめて、息を吐きながら、おへそを引きつけて、これ以上しまらないところまで来たら、顎を引いて、息を止める。息を吸う真似をして、肋骨を左右に開いて、お腹を上に引きつけます。「ぐ〜、うっ」。真空にして、そのまま停止。

横隔膜をぴったりと上につけ、内臓を絞っていきます。

息が苦しくなる前に、お腹をゆるめます。入ってくる息で上体を上げていく。もう一度お腹をゆるめます。ゆっくり息を吐いて終わります。

ここで咳の出る方もいらっしゃると思いますが、かまいません。みぞおちの詰まりが抜けているのです。「咳をする」って「横隔膜の上昇」なんですよ。横隔膜を上げて、喉に詰まっている痰やウイルスなどの不純物を排出しているわけです。ウディアナバンダも目的は違いますが、横隔膜を上げる技法ですから、これをやっているときは、いくらか咳が出てもかまいません。みぞおちがゆるみ、詰まりが取れている証拠です。

――みぞおちが詰まるとは、どういうことですか？

みぞおちはとてもデリケートなところですから、ストレスや緊張に敏感に反応します。心配事があると、みぞおちが固くなるでしょう？「胃が痛くなる」「胸につかえる」「息が詰まる」というのも同じことで、慢性的になるときついですよね。ここは心臓にも直結していますから、人体の急所です。

街を行き交う人たちを見ていると、多くの人がみぞおちを固くして、うつむき加減に歩いています。新型コロナウイルスの感染流行で、息をひそめることも増えたでしょうから、なおのことでしょう。みぞおちを手入れする、休ませてやることは、いまの時代に絶対必要です。

どうですか？　みぞおちのスペース、横隔膜のスペースは感じられますか？横隔膜の動きがわかれば、人は本来の息を取り戻すことができます。

シャバアーサナで確かめてみましょう。

7

――先ほどのムーラバンダでは、骨盤の中に空間が広がるのを感じました。ですが今回の「横隔膜のスペース」はよくわかりません。やっている最中、「胃が押し上げられる感覚」はあったのですが。

はい。肉体的には胃を押し上げて、後ろの「太陽神経叢」をとらえるんですね。ですからそれで合っています。

――太陽神経叢とは？

太陽神経叢は胃の後ろ、膵臓のところにある神経のかたまりで、「腹腔神経節」とも呼ばれています。ここから、腹部にあるすべての臓器に枝（神経）が出ています。まさに太陽のような形をしていて、機能的にも生命エネルギーの中枢ですから、私は「太陽神経叢」のほうがよい呼び名だと思います。

――胃腸や肝臓、腎臓など、さまざまな内臓の神経が集まっている場所?

はい。ですからとても大事な場所で、ここは赤ちゃんのときから機能していいます。おっぱいを飲んで、うんちして、「オギャー!」と泣いて。頭脳はまだまだですが、それでも赤ちゃんってかなりのことをやるじゃないですか。

――ええ、生きるのに必要なことは。

そうです。命に関わる快不快は、ちゃんと判断しています。全部お腹がやっているのです。赤ちゃんは、お腹ができ上がった状態で生まれてきます。頭脳や性エネルギーは後から発達しますが、内臓と太陽神経叢は、生まれたときから完成しているのです。インドでも中国でも、昔の人は太陽神経叢を「腹脳」と呼び、ひとつの脳だと見てきました。

——第二の脳みたいな？

頭脳と同格に見ていますね。ハタヨーガの技術としても、頭脳の過度の活動をおさえるために、こちらの脳（太陽神経叢）に働きかけます。具体的には、ウディアナバンダやアーサナなどで、みぞおちの詰まりを抜いていきます。人はみぞおちが固くなると、眉間が閉じてしまうのです。

——眉間が閉じるというのは、眉をしかめるような状態ですか？

そうです、そうです。思い詰めた状態です。ですから頭が緊張しているときは、必ずみぞおちも緊張しているのです。眉間とみぞおちは連動しています。脳だけをゆるめることはできませんが、みぞおちをゆるめることで、頭脳の緊張もゆるむのです。

――みぞおちがゆるむと、頭がスッキリする？

そういうことです！　ヨーガでは「意識したところにプラーナの風が渡り、風の渡るところに血液が流れる」と見ております。ですからウディアナバンダをおこなえば、みぞおちの太陽神経叢にプラーナが集まり、そこに血液もやって来るわけです。

頭に血が上るのはよくありませんが、太陽神経叢に集まった血液は、すべて内臓へ分配されます。いくら集中しても問題がありません。むしろ血液の循環がよくなります。ですからいまやったように、ウディアナバンダでは喉に蓋をして、頭に過剰なプラーナが上がらないようにするのです。プラーナを集める場所が、太陽神経叢の「マニプーラ・チャクラ」です。

――先ほどの話では、マニプーラ・チャクラは「おへそのチャクラ」とのことでしたが？

はい。ここは大きなチャクラでして、みぞおちからおへそまで、範囲を広く取ってあります。マニプーラ・チャクラはエネルギーのバッテリーのようなもので、ここにプラーナを集めることで、生命力を「充電」できるのです。新型コロナウイルスの感染流行で「免疫力の強化」の重要性が言われるようになりましたが、ハタヨーガの回答としては、まずここにエネルギーを蓄えることです。

――蓄えると、どうなるのですか？

元気になります！　プラーナは生命エネルギーで、マニプーラ・チャクラはその貯蔵庫だからです。ヨーガは医療行為ではありませんが、ここにプラーナが集まれば、生きる力が全身に行き渡ります。環境の変化やそれに伴うストレスを「乗りきる力」が出てきます。体に明るさ、軽さが出てきて、「夏は涼しく、冬は暖かくなる」「大きな風邪をひかなくなった」「ヨーガをやっているあいだは、花粉症のつらい症状が治まる」といった生徒さんの声もあります。

――なるほど。マニプーラ・チャクラは太陽神経叢と深い関係があり、肉体的にもエネルギー的にも、とても重要な場所であると。

はい。健康面での実用性において、ウディアナバンダは一番大事な技術です。みぞおちの詰まりが抜けますし、横隔膜にスペースが生まれることで、息もとても楽になります。プラーナは風ですき間に楽に流れますから、スペースが大きくなるほど、充電できるエネルギーも増えていきます。

8

――みぞおちの重要性はわかりました。ですが横隔膜の動きが、いまひとつ実感できません。先ほど肋骨（胸郭）を上下させたとき、息を吸うと楽に上がりました。それも横隔膜と連動しているとのことでしたが。

はい。魚のエラにあたる部分が横隔膜です。魚は尻尾を振るだけで呼吸できます。尾を振ることでエラが開き、酸素が自由に出入りするわけです。ところが人は進化の過程で、エラを体内に埋め込んでしまいました。ですから呼吸の自由さのレベルでは、どうしても差が出ます。横隔膜は吸う専門の器官ですから、エラのような自動性がないのです。そのままでは吐くことができません。他の筋肉で応援します。

――横隔膜は、吸う専門の器官なのですか？

はい。息を吐くときは腹部で圧力をかけて、横隔膜が上がるサポートをしています。だから本当は「お腹で吐く練習（腹式呼吸）」をしないと、人はまともに息が吐けないのです。吸う息にくらべて、吐く息がどうしても浅くなります。

――「現代人は呼吸が浅い」と言われますが、それも関係していますか？

もちろん関係しています。ですからヨーガで「お腹を意識して呼吸する」とか「吐く息を長くする」ことは、健康面でも役に立つのです。「赤ちゃんの息に帰る」と言いますか。

人間は、赤ちゃんのとき楽に息をしています。完全な腹式呼吸です。泣くことだってそうでしょう？　お腹をちゃんと締めないと、あんなにギャーギャー泣けませんよ（笑）。赤ちゃんが泣くことは、「お腹で息を吐いている証し」でもあるのです。

――赤ちゃんが泣きだしたときのパワーはすごいですよね。誰にも止められない（笑）。

赤ちゃんは横になっているので、お腹を呼吸だけに使うことができますが、立つようになると、体を支えるなどほかのことにも使うようになります。呼吸だけにエネルギーを費やすことが、できなくなってくるのです。

――大人になるにつれて、息がしづらくなってくる？

そうなのです。ですからヨーガや瞑想で「お腹を開発する」ことは、「赤ちゃんの息に帰る」ことと言ってもよいでしょう。

――なるほど。お腹の話はわかりました。ですが最初の説明では、「バンダでは背骨にプラーナを集める」という話だったような？

はい。チャクラは背骨と深くつながっているからです。正確に言えばチャクラは、背骨の前面に沿った「スシュムナー」というエネルギーの管とつながっています。スシュムナーを中心に、左右にイダーとピンガラー、月と太陽の道があり、尾骨と眉間のチャクラで、この三本のルートが合流しています（一〇一頁の図を参照）。

――背骨にもエネルギーの通り道がある？

もちろん！　一番大事なルートです。背骨には、中心と左右に一本ずつエネルギーの管があるのですが、中心がスシュムナー管です。本音をいえば、バンダにしてもプラーナヤーマにしても、ハタヨーガの目的は「背骨のルートにプラーナを通す」ことです。それは、これからやるアーサナにしても同じことです。

Chapter 3

アーサナとシャバアーサナ

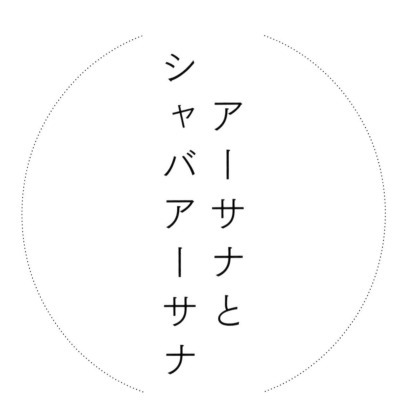

1

それではアーサナをやりますが、まずその前に「パワンムクタ・アーサナ」をおこないます。準備運動のように見えるでしょうが、全身の関節にプラーナを通すものです。「パワン」と「ムクタ」で「パワンムクタ」、パワンが「有害物」、ムクタが「解放する」です。ですから「関節にたまっている有害なものを解放する」という意味になります。全身の関節をゆるめてのばして広げ、そこにプラーナヴァーユ、生命の風を通します。

ヨーガのやり方を確認しましょう。一が「意識する」、二が「プラーナが流れる」、三が「血液がやってくる」です。ですから一般の体操と違うのは、やり終えた後に血液循環がよくなるのではなく、まず意識とプラーナを通し、そこに血液が流れるところです。いつもは全身の部位でおこないますが、ここでは体験版として、四肢と仙骨でやりましょう。

やり方としては「プラーナを流す」とは思わず、体のその場所をただ意識すればよいです。意識したところに自動的に、プラーナは流れますから。「動かす部位に意識を留めておく」、これがハタヨーガの大原則となります。

坐った状態で両足を前に伸ばしてください。両手をついて、体の両サイドを持ち上げます。真ん中が伸びてゆるみます。

2

まずは足の指からおこないます（実技編二五二頁を参照）。鼻で息を吸いながら両足の指先を開いてください。開いたら、鼻から息を吐いて握っていきます。これを一〇回繰り返します。

パワンムクタ・アーサナは、一〇回を基本の回数とします。呼吸はすべて鼻でおこないます。息を吐くときは、これも基本的に「ヨ〜、ガ」のリズムとなります。「ひとー、つ」でも「ぎゅ〜、うっ」でも構いません、すべて同じサンスクリットのリズムです。

3

今度は足の甲です（実技編二五二頁を参照）。息を吸いながら、踵をつけたまま両足のつま先を前に伸ばし、足の甲を伸ばしてください。伸ばし終えたら、踵をつけたまま息を吐きながら、つま先を手前に引き、足の裏を伸ばしていきます。これをワンセットで一〇回繰り返します。終わったら息を抜いて、ゆるめます。

4

次は足首です（実技編二五三頁を参照）。右足首を左のももに乗せます。右手で、乗せた足首を固定して、左手でつま先を握ってまわしていきます。一〇回まわしたら、逆に一〇回まわします。終わったら、ゆるめて息を抜き、今度は左足でおこないます。

5

はい、つま先、足首ときて、次は膝関節です（実技編二五三頁を参照）。右膝を立てて、息を吸いながら両手ですねを抱き込んで、しっかり閉じます。閉じたらゆるめて、両手を支えに、今度は右脚を伸ばしていきます。しっかり吐きながら、もも、膝、ふくらはぎ、アキレス腱と「脚の裏筋」が一本につながるように、斜め上に伸ばします。一〇回おこないます。

終わりましたら、右脚を前に伸ばします。左足と比べて、どうですか？　右足の方が前に出ていたら、関節に風が通った証しです。左も一〇回おこないます。

6

膝をまわします（実技編二五四頁を参照）。いま脚を伸ばしたのと同じ姿勢で、両手を支えに、踵をぶら下げます。そこから、踵を持ち上げてまわしますが、上げるときだけ力を入れます。そうすると、よくまわります。一〇回まわしたら、逆も一〇回まわしてください。終わったら踵を一度床につけて、脚を前に伸ばします。反対の脚もやってください。

7

今度は股関節です（実技編二五四頁を参照）。右足を左の鼠蹊部に乗せて、「半分の蓮華坐」の形になります。

まずは股関節を伸ばします。吸う息で、右手で膝を持ち上げ、吐く息で切り返して膝を床につけていきます。左手はつま先につけてください。てこの要領で、右脚を曲げて伸ばします。膝を床につけるとき、体の左側に重心を残して、「ぎゅ〜、うっ」と押すのがコツです。床につかなくてもかまいません。吐く息に乗せ、つける気持ちでおこないます。一〇回やってください。

そのままの姿勢で、次は股関節をまわします（実技編二五五頁を参照）。右手で膝を、左手でつま先を持ち、股関節をまわしていきます。皆さんの股関節は、どれくらいの可動性がありますか？　一〇回まわしたら、逆に一〇回まわします。

いま動かしているのは、太ももの骨です。とても大きな骨で、先端が丸くなっていて（大腿骨頭）、ももの つけ根のところで骨盤にはまっています。これが股関節です。終わったら足を前に伸ばして、ゆるめます。左脚もおこなってください。

終わったら、右脚を曲げて、両足の裏をつけます。

8

ここから股関節の「ちょうつがい」の関節を開いていきます（実技編二五五頁を参照）。まず両膝を閉じます。手をつけて、息を吸いながら閉じます。閉じたら「ぎゅ〜、うっ」と吐きながら、両手で膝を床につけていきます。内腿の筋肉が伸びます。最初に膝を閉じておくことで、股関節が開きやすくなります。「ヨ〜、ガ」の息に乗っていってください。股関節が「ちょうつがい」のように開閉しているのがわかりますか？　膝が床につかなくてもかまいません。股関節に風を通していきます。一〇回やったら脚をゆるめて、スカアーサナを組んでみましょう。

9

脚のパワンムクタ・アーサナが終わりました。スカアーサナで坐ります。動かしてきた関節に、意識が行き渡っているのがわかりますか？

股関節に意識が行き渡れば、骨盤の動きが自由になってきます。最初にスカアーサナを組んだときと比べて、どうですか？　少しでも楽になっていて、骨盤を起こす力が出てきていれば、それはよいパワンムクタ・アーサナです。

「シャバアーサナ」で確認しましょう。脚をほどいて、腰幅よりやや開き、ゆっくりと両脚を前に伸ばしていきます。そこから仰向けになりますが、いきなりドサッと寝ないでください。静かに骨盤から床につけていきます。そして背骨を下から順に、しずか〜につけていきます。背骨は「鎖」です。床に鎖を置くように、そっと置いていってください。腰、背中、首、後頭部までついたら、仰向けになります。目を閉じて。関節に意識が行き渡ります。

最初につま先を意識してごらんなさい。何かが、つま先に向かって流れていきます。感じますか？　これがプラーナヴァーユ、生命エネルギーの風です。まず意識することでプラーナが流れ、それから血液がやってきます。よいですね？意識した瞬間に流れる風が、皆さんにとってうれしいはずです。

そこから足首、膝、股関節と上がってきてください。パワンムクタ・アーサナで動かしたところに意識を向けてください。何か流れてきませんか？　はい、風が渡ります。これがハタヨーガの生命線です。

起き上がります。同じことを今度は、腕でおこないます。無理をせず、気持ちよくやってくださいね。

10

スカアーサナで坐ります。手を床について、体の両サイドを持ち上げます。

まずは指です（実技編二五六頁を参照）。両腕を前に伸ばします。床に水平になるように。親指が上、小指が下に来るように。息を吸いながら、親指を包むように手に握り、吐きながら開いていきます。吐く息に乗って、手の平の中心から「ぐ〜、うっ」と開いていきます。腕のパワンムクタ・アーサナも、すべて一〇回ずつおこないます。

11

手首の曲げ伸ばしです（実技編二五六頁を参照）。先ほどの姿勢から、手の平を下に向けます。息を吸いながら手首を立て、吐く息で「ぎゅ〜、うっ」と手首を下に折り曲げます。手の甲を壁につける気持ちで、しっかり折り曲げてください。「ぎゅ〜、うっ」と吐きながら、しっかり曲げてください。このとき、前腕の筋も伸びています。ここは普段からこっているので、よくほぐしてください。一〇回おこないます。

次に手首をまわします。左手で右の手首を握り、固定します。そこから内側に一〇回、外側に一〇回まわします。手首をまわそうとせず、小指を軸にすると、よくまわるでしょう。スマートフォンの時代で、人さし指と中指は発達しているでしょうが、現代人は小指を使わなくなりました。小指はとても大事な指で、字を書くのも、箸を持つのも、小指が軸です。左手もおこないます。

12

今度は肘関節です（実技編二五七頁を参照）。まずは伸ばします。両腕を真横に伸ばして、吸う息で肘を曲げ、吐く息で伸ばしていきます。前腕が、どこまでも遠くに離れていきます。腕の水平性を感じてください。一〇回おこないます。

次に肘をまわします。左手で右肘を支えて、まわしていきます。先ほど小指を軸にまわしたように、前腕の尺骨を軸にします。一〇回まわしたら、逆まわしで一〇回。左もおこないます。

13

肩をまわします（実技編二五八頁を参照）。まずは腕を上に伸ばします。指をからめて、両手を組んで。手の平を裏返して、息を吸いながら、まっすぐ上に伸ばしていきます。はい、腕を伸ばそうとすると、肩でつかえて伸びません。肋骨から持ち上げると、どこまでも伸びていきます。

続いて、腕を前に伸ばします。息を吸いながら両肘を曲げ、鎖骨に指をつけます。吐く息で「ぐ～、うっ」と両腕を前に伸ばしていきます。前腕を遠くに離すと、よく伸びます。一〇回おこないます。

それでは肩をまわします（実技編二五九頁を参照）。両手の指先を鎖骨につけて肘を下ろします。脇を閉じて、息を吸いながら、両肘を正面に上げていきます。これもやはり肋骨を持ち上げます。前腕が耳の前を通り、肘が上まで上がったら、今度は息を吐きながら肘を後ろ、横、下とまわしていき、元の位置へと戻ります。

まわしながら聞いてください。腕は、肩から出ている組織ではありません。背中（肋骨）から出ている組織です。ですから肋骨が持ち上がらないかぎり、このように前腕が耳の前を通ることはないのです。腕を伸ばすときもそうでしたが、「腕の根」は肋骨です。いまもやっているように、根もとから動かすことができれば、無駄な力も抜けるので、肩もこりにくくなります。ですから「腕の根」を知ることは、肩こりの予防にもなります。一〇回まわしたら、逆も一〇回まわしてください。

逆まわしは少し難しくなりますが、同じ要領でおこなってください。肘だけまわしても、腕の喜びはありません。根もとから大きくまわしてください。終わったら、肘と肘をつけて、ゆるめます。腕のパワンムクタ・アーサナは以上です。

14

さてここで太陽神経叢型（古典的なものは骨盤型です）の「ヨーガムドラー」を

やっておきましょう（実技編二六一頁以降を参照）。ムドラーは「印」や「形」の意味ですから、ヨーガを代表するひとつの形ということになります。いままでより少し難しくなります。

スカアーサナで坐り、後ろ手を組んでください。指をしっかりからめて。目を閉じて。息を吐きながら、脇を閉じ、背中を丸めて、お腹を絞っていきます。息を吐き終えて止まったら、ゆるめて。上体を上げながら大きく息を吸っていきます。

はい、ここからが本番です。吸い終えたら、そこから吐く息に乗って、もう一度「ぐ〜、うっ」とお腹を絞っていきます。形は一度目と同じですが、息に乗ることで、先ほどよりもたくさん絞ることができます。下腹部から、みぞおち、胸、肩、喉と、だんだんと上に絞ってきてください。ま〜るい背骨になります。顎は鎖骨につけて、ジャーランダラバンダの形にします。

吐き終えたら息が止まりますから、そこからまた軽い息をして、背骨に意識を向けていきます。

いま、皆さんの背骨の裏側（背中側）が、じゅうぶんに開いていています。そこから脇を閉じ、肩甲骨を「ぐ〜、うっ」と左右に開いていきます。目を閉じたまま、背骨に意識を向けてください。背骨と肋骨をつなげている関節がわかりますか？背骨の裏側には、左右一二ずつ二四の関節が、胸椎に沿って並んでいます。静かな息で、意識を行き渡らせてください。しばらく、そのままでいてください。背中を丸めて、静かな息でいます。

はい、ゆるめます。次は逆向きをやります。スカアーサナで後ろ手を組んだら、息を抜き、上体を前に倒します。そこから大きく上体を反らせ、息を吸い、胸を持ち上げていきます（胸郭に息が入り、持ち上がる）。脇を閉じ、肩甲骨を真ん中に寄せ、「ぐ〜、うっ」と胸を開きます。このあたりで一度息が止まるかな？ゆっくりと首を後ろに倒して、喉を開いていきます。静かに息を抜いて、かすかな息をしてください。

また背骨を見に行きます。先ほどはお腹を絞り、背中を丸めることで、背骨の裏側を開きました。今度はそれとは逆に、胸を開き、肋骨（胸郭）を持ち上げることで、先ほど開いたところを閉じています。この感覚はわかりますか？ふだん意識することのない、背骨と肋骨をつないでいる胸肋関節。これらが開き、閉じる感覚を、ヨーガムドラーで養ってください。「背骨を開く技術」と「背骨を閉じる技術」を身につけてください。背骨のルートにプラーナを通す、とても大事な技術となります。

はい、シャバアーサナで確認しましょう。手の平を上に、仰向けに寝ます。先ほどのシャバアーサナよりも、腕を横に広げてください。今回は腕に意識を行き渡らせます。まず指先、次に手の甲、手首、肘関節、肩関節。爪から肩まで、腕の「裏側（床との接地面）」を順に上がっていきます。パワンムクタ・アーサナで動かしたところに、意識を向けていきます。いまならわかるでしょう？　腕は肩から出ていません。肩はあくまで中継点で、背骨の真ん中から腕は出ています。背中側の「腕の根」は背骨なのです。

次は腕の「表側」を順番に上がってきてください。指先、手の平、肘裏と上がってきて、肩で止まりますか？　止まらないでしょう？　そのまま胸まで行って、胸骨のところでようやく止まるのです。これが表側の「腕の根」です。

水泳の競技を見ていると、クロールでも背泳でも、一流の選手は胸骨や背中から腕を出しています。「腕の根」から出しています。肩から出しているようでは、ものになりません。いまのように肩が横に開いたときだけ、本来の腕の状態を取り戻すことができます。皆さんの「腕の根」を思い出し、取り戻してください。

15

最後に、首と仙骨のパワンムクタ・アーサナをやります。これはスカアーサナよりもあぐらの方がよいでしょう。あぐらを組んで、右手を仙骨につけてください。指が下に来るように。中指の先が「仙骨尖」とよばれる先端部に来ます。ここは尾骨につながっているので、仙骨と尾骨の境い目となる「仙尾関節」とも呼ばれます（一六四頁の図を参照）。

――仙骨への手のつけかたは、手首がズボンのベルトあたり、中指の先がお尻の割れ目あたりでよいですか？

それでよいです。

――手の平でカバーできるあたりが「仙骨」の大体の位置ということですか？

はい、ここがわれわれの支えです。次は左手を後頭骨につけてください。これはわかるでしょう。

――首の上、後頭部の下部分の骨ですね。

そうです。目を閉じて、静かに息を吐きながら、首をゆっくり右へ倒していきます。仙骨はいま、どうなっていますか？

――首が倒れているのはわかりますが、仙骨はわかりません。

仙骨と首のパワンムクタ・アーサナ

- 仙骨と頭（後頭骨）のつながりを確認する。片手を仙骨に当て、片手を後頭骨に当てる。
- 両手を離し、吐く息で10数えて、仙骨を左に倒す（首は右に倒れる）。終わったら、吸う息で10数え、仙骨を中央に戻す（首も中央に戻る）。右側も同様におこなう。
- いきなり仙骨から動かすのは難しいので、まずは首を傾けて仙骨の動きを確かめてもよい。
- 前後の倒し（仙骨を後ろに倒す→首は前に。仙骨を前に倒す→首は後ろに）、首の回旋（10吸いながら仙骨を支えに首を半分回し、10吐きながら残りを回して一周）もおこなう。

首が右に傾くとき、仙骨は左に傾いて、上体を支えています。仙骨と後頭骨は双子のような関係で背骨でつながり、連動しているのです。ですから、首を戻すときも、首から動かすのではなく、仙骨から戻してきてください。いまの場合、仙骨が左に傾いているわけですから、それを中央に戻します。

戻りましたか？　今度は首を左に倒しますが、これも仙骨を倒してください。仙骨を右に倒せば、首は少し遅れて左に倒れます。

――これは難しいですね。スカアーサナのとき、骨盤全体を前後に傾けることはできましたが……。

仙骨は体の支えとなる骨です。いまも後頭骨が左に傾いているのを、仙骨が右に傾くことで支えてくれています。これで仙骨も左に傾いていたら、上体を支えることができず、転んでしまいますよ。

――ということは、首を左に傾けて転ばずにいられるのは、（無自覚にでも）仙骨を右に傾けているからですか？

そういうことです！　仙骨と後頭骨の連動を知るには、まず首から傾けてもよいかもしれないですね。そのとき、仙骨が逆方向に傾いていることに気づいてください。それがわかれば、仙骨から動かすこともできるようになります。仙骨は単独では動くことができず、股関節との連動で動いているのですが、意識としては「仙骨が動く」でよいです。

はい、次は仙骨を前後に倒します。心の眼をまず仙骨に向けてください。そこから背骨を上がって、後頭骨にも眼を向けてください。仙骨と後頭骨は双児の兄弟です。仙骨が抜けていたら、頭を支えることはできません。静かに仙骨を起こして、その意識を背骨につなげて、後頭骨につなげてください。

つながりましたか？　自然な息で一〇数えながら、仙骨を後ろに倒していきます。そこから少し遅れて後頭骨が前傾し、頭が前にぶら下がります。

仙骨を戻して。今度は一〇数えながら、仙骨を前に倒します。仙骨が倒れたぶんだけ、背骨を通って後頭骨が後ろに倒れます。首が後ろに倒れます。

次は首を左右にひねっていきますが、このときは胸郭に注目してください。まずひねっていきましょう。頭頂を固定し目線が水平になるように、一〇数えながらまわしていきます。首をひねるとき、胸郭はついてきません。だから首だけがまわるのです。これは仙骨から胸郭に「動くな」という指令が出ているのです。戻したら、左にひねります。首だけがまわり、仙骨も胸郭もついてきません。このとき、首のひねりが完成します。

――普段からいまのように動かせば、首への負担も軽くなりそうですね。

頭を乗せているだけで、負担をかけているわけですからね。人の頭は重いですから。

――「首の根」は仙骨ということですか？

そうです。首に限らず、仙骨は人の動きの中心です。これからやるアーサナも、すべて仙骨から動かしていきます。

上半身には「動きの方向性」はあるけれど、まったくパワーはないのです。支える力はない。その一方で、下半身には細かい表現は少ないものの大切な「支える力」があります。ですから下半身で支えて、上半身で大きく表現していきます。アーサナはもちろん、伝統的な踊りや武術などを見てもそうなっています。

では最後に首をまわします。一〇吸って半分まわし、残り一〇吐きながら半分まわして一周とします。仙骨の位置を決めて、後頭骨の位置を決めます。頭をぶら下げて。息を吸いながら、なるべく遠くにまわしていきます。一〇まで行ったら、残りは吐いてまわします。この回転は、前後左右より複雑な動きになりますから、坐骨と仙骨の支えがわかればよいです。逆もまわします。

それでは、もう一度スカアーサナを組んでみましょう。すわったときの土台の感じはどうですか？　仙骨に腰の骨をつなげてください。その上に胸郭をつなげます。肩は下ろして、休めます。アゴを水平に引いて、後頭部が上がっていきます。首に風がわたっています。最初のスカアーサナと比べて、どうですか？

――下から骨盤↓胸↓頭と「骨を積み上げていく」感覚が出てきました。最初のときは、背すじを伸ばそうと「頭をひっぱり上げている」感じでした。いまは頑張らなくても、自然に背骨が立つようです。脚も無理に組んでいたのが、少し楽になりました。関節にゆとりが出てきたようです。

16

それではアーサナをはじめます。ひとつのアーサナを通して、どのアーサナにも共通するところを見ていきます。

アーサナも呼吸は原則として鼻でおこないます。その理由はプラーナヤーマと同じく、エネルギーのルートが、鼻孔から眉間のアジナー・チャクラに直結しているからです。口呼吸では眉間のチャクラにプラーナが入りません。基本的に鼻は「呼吸し、嗅ぐ器官」で、口は「味わい、しゃべる器官」です。

アーサナを少なくともふたつぐらい終えたら、必ずシャバアーサナをおこない、アーサナで動かしたところに意識を向けてください。そこに生まれた「体のスペース」を感じてください。アーサナとシャバアーサナでワンセットです。アーサナだけを連続しておこなうことは避けてください。ヨーガの意味がなくなります。

そしてハタヨーガ全般に言えることですが、板張りやフローリングなど、固めの床のうえでおこなうようにしてください。アーサナにしても瞑想坐法にしても、土台をしっかりさせ、床から力を拾うことで、楽におこなえるのです。しっかり体重をかけることで、地面から返ってくる「反力」も使えるのです。やわらかい床では力が吸収されます。ですからヨガマットも、私の教室ではおすすめしていません。坐位や臥位のときだけ、バスタオルや薄手の布を敷くのがよいでしょう。立位では直に床を踏みしめてください。

では足を揃えて立ってください。最初は「ターダアーサナ（山のアーサナ）」です（実技編二六六頁を参照）。このアーサナでは、天地に伸びる垂直性と、それを支える床の水平性があります。

まずしっかり息を吐いて、かる～く吸いながら、体の左右両サイドを上げていきます。足の土台を意識して、体の左右を上げてください。静かに息を吸いながら両側を上げていきます。肋骨が上がり、両腕が上がっていきます。らく〜に上げていきます。

これ以上あがらないところまで来たら、そのまま静かな呼吸をしていてくださ い。手首から先は、無理な力を入れなくて結構です。腕を無理に伸ばさない。体が反らないように。はい、ゆるめてください。

次は腕を片方ずつ上げてみましょう。まず右だけ上げてください。上がったらゆっくりと下ろして、今度は左を上げてください。どうですか？ 片方ずつだと、よく上がるでしょう。しっかり息を吐いて、しずか〜に腕を上げていきます。

それではまた両腕を上げます。スカアーサナのときも申し上げましたが、コツは「真ん中のラインを伸ばしたければ、左右を伸ばす」です。ターダアーサナでは、体の両側を上げます。それで中心がゆるみ、背骨が伸びていきます。このアーサナの目的は、腕を伸ばすことではありません。背骨を伸ばすことです。

しっかり息を吐いて、静かに吸いながら、体の左右両サイドを上げてください。肋骨が持ち上がれば、上手にできています。腕から上げると苦しくなります。体全体が上がっていれば、息苦しさはありません。首が詰まる感じがあれば、肩だけ上がっているということです。

――体の全体で上げるには、どうすればよいですか？

肋骨から持ち上げていけば、全体で上がります。先ほどの腕のパワンムクタ・アーサナを思い出しましょう。それからこのアーサナは、体をお腹からふたつに分けて、上下に伸ばしていきます。

やってみましょう。お腹から下は、下におりていきます。お腹から上は、上にあがっていきます。体が真ん中で上下に分かれているのが、わかりますか？　足は下へ伸びていく～、腕は上に伸びていく～。

――腕は上に伸ばして、足は下に伸ばす。背伸びするのではなく、輪ゴムの両側をひっぱるように？

はい、そうです。そして本音をいえば、「沈むから浮く」のです。体を沈めていけば、体が浮いてきます。それが本当のコツです。息を吐くでしょう？　このとき、何かが下に沈んでいくのです。体重だけではありません。沈むものに乗れば、無理なく上がれます。

――息を吐いて沈む「何か」とはプラーナ？　瞑想の「ひとー、つ」の息で、沈む感覚があったように？

そうです。沈むものがなければ、浮かびません。生気体は体から数センチほど外に出ていて、プラーナは床にも通りますから。

――「沈む」と意識すると、まず足の裏に感覚が行くのですが、このとき、重心はどこに置けばよいですか？　つま先ですか、踵ですか？

はい、しずか〜に、らく〜に吐いていくと、重さが足裏にかかってくるわけです。その反作用で上に上がることができます。

――はい。それで重心の位置的には?

息を吐いて。しずか～に何か、足裏に沈んできます。それが床に沈み、地の底まで沈み、そこから反作用で上がってくる力が、体を上げてくれています。それが「重心」です。

――つま先でも踵でもなく、足裏全体に意識を向けて、重心を探していくということでしょうか?　ふらふらしますが。

それで構いません。これはよい質問です。このアーサナでは足をピタッとつける必要はありません。最初から重心を一か所に固定する必要はないのです。一瞬一瞬、重心も変化していきますから、それをしっかり感じ取ってください。いずれ落ち着くところ、土ふまずに来ますから。

ゆらぎがあってよいのです。床で起きたゆらぎが、脚を通り、背骨を通り、手の指先、その先の空間まで伝わっていくのです。その微細な揺れを感じとることで、微細な息になっていくのです。アーサナは固定した「ポーズ」では決してありません。

――なるほど。吐いた息の余韻を感じて、その感覚を頼りに、バランスを取っていくということですね。まだ余韻が続かないので、腕を上げる前に消えてしまいますが（笑）、原則はわかりました。

17

それでは次に「トリコナアーサナ」をおこないます（実技編二六四頁以降を参照）。トリコナアーサナは「三角のアーサナ」で、三という数字は「安定」や「完成」を表します。やさしい形ですが奥の深い、非常に応用性の高いアーサナです。このアーサナができるようになれば、ほかのアーサナもできるようになります。

足幅を三足に取ります。「足（を横にした）三つ分の長さ」に開きます。「足幅は何センチ」と決まっていないのがハタヨーガのよいところで、その人の足の大きさで測ります。両足を揃えて。右足のつま先を右に大きく開いて、一歩。開いたつま先を軸に、右の踵を大きく右に開いて、二歩。右の踵を軸に、つま先を大きく右に開いて、三歩。三足ぶん開いたら、つま先を「ハ」の字にして立ちます。はい、床と両脚で「三角」ができているのがわかりますか？　脚の内側に力がないと、この三角は保てませんよ。

脚の三角を保ちながら、両腕を水平に上げていきます。先ほどターダアーサナでやったように、肋骨から上げていきます。

――ターダアーサナは、上半身を上に、下半身を下に引っ張る意識でおこないました。トリコナアーサナはどう意識しますか？

体を外側に開いていきます。両足を床に、頭を上に、両腕を左右に、どこまでもなが〜く伸ばしていきます。

――手足と頭の先端が、ゴム人形のように引っ張られて、体の中心から離れていく感じですか？

そうです。ただし中心は仙骨です。正確にいえば「仙骨の先端（仙骨尖、仙尾関節）」です。これはとても大事な情報です。人の動きはすべて仙骨の先端からはじまっています。ですからどのアーサナも必ず、仙骨の先端から動かしていきます。

――実感として、「仙骨の先端」と「尾てい骨」の境い目がどこか、わからないのですが。

「仙骨の先端」で難しければ、仙骨でも尾骨でもかまいません。アーサナやムーラバンダで感覚を磨いていけば、いずれわかるようになります。人は仙骨の先端から動くのが、一番効率的で楽なのです。アーサナの目的は「仙骨の先端の開発」でもあります。ここに大きな力が眠っています。

腕は上がりましたか？　ここから上体を左右に倒していきます。右から行きましょう。この形のままでは倒せないので、足の向きを変えます。右足のつま先を真横に切り、左足のつま先を前に向けます。手の平も正面に向けます。息を静かに吐きながら、上体をゆっくりと右に倒していきます。仙骨から倒します。尾骨でもよいです。角度は問いません。上体を無理に曲げる必要はありません。仙骨が倒れるぶんだけ、倒してください。脚の三角が崩れないように。

仙骨が十分に倒れたら、右手を右脚につけて、上体を静かな息で支えます。足首のあたりを握れる方もいるでしょうし、膝の上でもかまいません。柔軟性は問いません。自分なりの仙骨の傾きを大事にしてください。しばらくそのまま静かな息を楽しんでください。

はい、静かな吸気で戻ってきてください。仙骨を中央に戻します。

もう一度やりましょう。足の幅を取るところからはじめます。自分なりの三足を取って。脚の内側を張って、三角をつくります。トリコナアーサナでは、体にいろいろな三角ができますが、この「脚の三角」が一番大事です。

しっかり息を吐いて。吸う息で腕を持ち上げて。背中から両腕を水平に伸ばしていきます。前腕を遠くに離していきます。両脚の張りはどうですか？　五体を体の中心から外へ開いていきます。仙骨から手足と頭が伸びていきます。このとき同時に、逆向きの力が働いているのがわかりますか？　仙骨の先端に向かって「閉じる力」が生じているのです。仙骨は扇でいえば「要」です。要が閉じるから扇は開くのです。仙骨を閉じることで、五体が開いていきます。この感覚を磨いてください。

体を右に倒していきます。足の向きを変える。手の平を正面に。しずか〜に吐く息で、仙骨が右に傾いていきます。腕や肩は動かしません。右手を右脚につけて上体を支えます。ここまでは、先ほどやりました。

今度はここに腕を添えていきます。左腕を右に伸ばしていき、自分なりの力をつくります。腕は肩から伸ばさず、「腕の根」から伸ばします。腕が耳につく人は、耳につけます。顔は上げて、上を見ましょう。自然な息でいます。

足の着地感はどうですか？　仙骨の角度を保ち、脚の三角を崩さないように。

トリコナアーサナ（三角の姿勢）

いまは上体が右に倒れているので、左足の外へりで床をとらえてください。足から床に力を流すことで、床からの反力で腕が伸びていきます。プラーナもかかっていきます。生気体が体の外まで伸びていきます。息を止めないで。背骨にプラーナが通ります。生気体が腕の先まで伸びていきます。

さて、いまアーサナをやっているのは誰ですか？

床の支えがあり、まわりの空気があるから、アーサナができているのではないですか？

「ここにこの体があり、この自分がやっているのだ！」と頑張っているうちは、どうしても窮屈なアーサナになります。大地に支えられ、大気に包まれていることを思い出し、のびのびとおやりください。どこまでも吐く息に乗っていってください。

足をゆるめて。吸う息で上体を戻します。これがアーサナの喜びです。脚の三角を崩さず、仙骨から戻します。

右が終わったら、左もやってください。手順を覚えたら、「ヨ〜、ガ」のリズムをつけてやってみてください。アーサナの場合は、「いち、にい、さ〜ん、し」が合うでしょう。最初の入りは弱く、山場が全体の四分の三に来るように。ご自分のリズムを探していってください。リズムに生命が宿ります（解説動画で紹介。視聴方法は二八〇頁を参照）。

18

次は「パスチモッタナアーサナ」をおこないます（実技編二六七頁以降を参照）。直訳すると「西のアーサナ」。背中が「西」で、背中を伸ばすので「西のアーサナ」です。両脚を伸ばして坐った状態から、上体を前に倒していきます。

ヨーガでは原則として朝日に向かって瞑想しますので、東を向きます。ですから日の当たる体の前面が「東」で、背中が「西」となります。左手が「北」、右手が「南」です。インドにはそういう文化があります。

方角の名前がついているのは、この「西のアーサナ」だけですが、背骨を倒す方向性で言えば、先ほどのトリコナアーサナは左右に倒しますから「北と南」のアーサナ。体の前面を伸ばす「ブジャンガアーサナ（コブラのアーサナ）」は、「東」のアーサナとなります。東西南北、さまざまな方向へと背骨を倒し、ねじり、あの手この手でプラーナを通していこうという魂胆です。

それではパスチモッタナアーサナをおこないます。両足を揃えて前に伸ばし、両手をついて体の両サイドを上げます。息を抜いて楽にします。そこから上体を前に倒し、両足の親指を握ります（手の人さし指、中指、親指の三本で足の親指を握る）。一度しっかりと息を抜いて、上体を上げながら大きく息を入れます。

ここからゆっくりと上体を倒していきます。先ほどヨーガムドラーでやったように、静かに息を吐きながら、お腹を絞っていきます。伸ばした上体を、両脚に乗せます。上体の力を抜いて乗せたぶんが、いまの皆さんの前屈の力です。

――足の親指まで手が行きません。膝を曲げれば届きますが。

膝を曲げてはいけません。腕を前に伸ばすために、膝を浮かせることを避けます。足首でもすねでもかまいませんから、上体を倒せる範囲で、手を置いてください。このアーサナも先ほどのターダアーサナ同様、「沈むことで浮く」からです。前屈を犠牲にしても、脚の裏側をぴったりと床につけてください。そうすることで、床からの力が拾えます。

――このアーサナも仙骨から上体を倒すことで、前屈するのですか？

もちろんそうです。股関節を使って、仙骨を倒しているだけです。そして、できたら尾骨をゆるめて、上体を脚に乗せます。これが前屈の奥義でしょう。静かな息で、しばらくそのままでいます。終わったら脚をゆるめて仙骨を戻し、上体を戻してきます。

――尾てい骨（尾骨）をゆるめるには、どうすればよいですか？

一度立って、前屈をしてみましょう。このアーサナのよい練習になります。足を揃えてしっかり立ちます。息を吐きながら、上体をぶら下げ、仙骨を前に倒していきます。そこから尾骨を上げていきます。

――クレーンで釣り上げるように、尾てい骨から腕をぶら下げていく？

そうです。この「立った前屈」を横に寝かせた形が、パスチモッタナアーサナです。やっていることは同じです。

――なるほど。前屈するときはいつも、「腕を伸ばそう」としますが、まず仙骨から上体を倒して、さらに尾てい骨を上げることで「腕がぶら下がる」んですね。

はい、頭もぶら下げましょう。いまのあなたは腰が張っているから、腰をゆるめたぶんだけ、ぶら下がりますよ。それから膝の裏筋が張っているから、ここもゆるめる。

尾骨をゆるめるにはもうひとつ方法がありまして、「お腹を絞ることで、背中を伸ばしていく」やり方があります。軽く息を吸って、吐く息で「もう少し行こうかな、もう少し行こうかな」という形で、お腹を絞ったぶんだけ、後ろの尾骨がゆるんでいきます。パスチモッタナアーサナと同様に、膝は曲げず、脚の裏側を伸ばしたままでおこなってください。

――立っておこなうことで「頭蓋骨の重み」がわかってきました。腰の緊張が取れると、首の緊張も取れ、「頭がぶら下がる」んですね。背骨がロープのように垂れ、頭がおもりのようです。

はい。今日は時間の都合でできませんが、「下を向いた犬」などのアーサナで脚の裏筋を伸ばしておけば、もっと楽に曲がりますよ。「体がかたい」という方は、まず間違いなく脚の裏筋が張っているので、そこから伸ばすことです。体はひとつで、部分はありません。すべてがつながっています。前屈がつかないのも、腕が届かないのではなく、脚の裏筋が緊張してブロックしているからです。

――以前、物を拾おうとしてギックリ腰をやったことがあるのですが、それも腕だけ伸ばしたせいかもしれないですね？

物を拾うときに、膝を曲げて拾えば事故は起きないのですが、皆さん脚をつっぱって、手で拾いに行くんですよ。そうすると膝のバネを使っていないから、腰に負担が来るのです。

――なるほど。物を拾うときは膝を曲げ、仙骨を倒して前傾する？

というより、仙骨を倒すために膝を曲げているのです。脚がつっぱったままだと、仙骨の代わりに胃の裏側あたりに曲げの負担がかかってきて、その結果、腰を痛めてしまうのです。みぞおちも固くなります。

――なるほど。普段から「仙骨を倒す意識」を持つことで、それらの無理がかからなくなる？

はい、人の体は連続していますから。部分で動くのではなく、全体的に動けるようになれば、事故や故障も減るでしょう。動きの中心は、仙骨です。

19

それでは最後に「東西南北」の「東」、背骨を東に伸ばす「ブジャンガアーサナ（コブラのアーサナ）」をやっておきましょう（実技編二六九頁を参照）。いまのパスチモッタナアーサナで開いた「背骨の裏側」を、今度は閉じていくことになります。

うつ伏せになり、肘を閉じて、肩の下に手をつきます。おでこを床につけます。息を抜いて。しずか〜に息を吸いながら首を持ち上げ、首の後ろを詰めながら、上体を持ち上げていきます。伸ばしきることなく、吸う息で上げます。背骨は上から頸椎が七つ、胸椎が一二、腰椎が五つとなっていますが、上から閉じていくのがわかりますか？

――うなじが縮んで、喉が伸びている感覚はありますね。

そうです。頸椎の裏側が上から順に閉じているのです。そのまま吸う息で、胸椎、腰椎と閉じていってください。

――体が反るにつれて背中と腰が縮み、胸と腹が伸びていきます。みぞおちが特に伸びますね。

腰椎まで来たら、次は仙骨と尾骨をあらためて閉じていきます。仙骨はくっついていますが五つの骨があり、尾骨は四つの骨があります。仙骨の先端をキュッと閉じることができたら、よいアーサナです。そのまま、しずか～な息でいてください。

はい、ゆるめて戻していきます。閉じた背骨の裏側を、今度は尾骨から開いていき、最後におでこを床につけます。

終わりましたら、腹這いになって休みます。腕を組み、顎を乗せ、足を肩幅に開きます。「ワニのアーサナ」と呼ばれる形です。それからシャバアーサナで休む前に、腕で膝を抱えて、ダンゴムシのように背中を丸くします。いま閉じた背骨の裏側を、よ〜く開いてください。

シャバアーサナで休みますが、ひとまず膝は立てておいてください。背骨を伸ばすには、そちらの方がよいのです。頑張った背骨を、休ませてあげましょう。

アーサナは一種の「特殊な緊張」をつくり出します。背骨がロープだとするなら、そこにギュッと結び目をつくるようなものです。アーサナをいくつも連続しておこなうことは、一本のロープにいくつも結び目をつくるような行為で、背骨に大きな負担をかけます。ですから「結んではほどき、結んではほどき」という具合に、次のアーサナに行く前にシャバアーサナをおこないます。背骨を休ませてください。

――ブジャンガアーサナで思ったのですが、仙骨と尾骨って背骨の一部なのですか？

そうです。つながっているのがわかるでしょう？

――はい。首の骨から尾骨まで、一本のラインでつながりますね。これまでお尻のあたりは「骨盤」だと思い、背骨とは分けて考えていましたが。

人が胎児になる前の一時期（胎芽の時期）は尻尾が生えていて、脊椎のもととなる「脊索」の一部としてつながっています。赤ちゃんの時期も、仙骨はまだ固まっておらず、五つの骨に分かれています。ですから赤ちゃんの運動能力は高いですが、決して逆立ちはできないのです。仙骨が分かれているからです。

――よちよち歩きのときは？

まだ完全にはつながっていません。仙骨が本当に固まるのは一四歳です。性的に安定するのも一四歳ですから、そのときはじめて人は「仙骨が決まる」といってよいかな。小学生を見ていても、やはり仙骨は抜けていますよ。

――仙骨は人を直立させる役割を持ち、性的な開花とも関係している？

そうです。一四歳で仙骨が決まって、一応大人の体になります。ですからヨーガも、それ以前はバンダなど本格的な行法はあまりやらなくてよいのです。遊びでやるぶんにはよいですが、本格的にやるのは一四歳を過ぎて、仙骨がきっちり固まってからです。仙骨は、性的エネルギーを司る「スワディシュターナ・チャクラ」の場所でもあり、ハタヨーガは仙骨が決まった大人がやるものです。

20

はい、それでは仰向けで膝を立てた状態から片方ずつ脚を伸ばし、シャバアーサナとなります。脚は腰から伸ばします。「腕の根」は胸（前面）と背中（背面）でしたが、脚の根はおへそ（前面）と腰椎（背面）になります。発生学的には、魚の時代に胸びれだったところが「手」となり、腹びれだったところが「足」となっています。血管を見ても、おへそのところで左右に分かれて、脚に行っています。ですから、人の脚の根は「腰」なのです。

まず右の腰から、ゆっくりと右の脚を伸ばしていきます。次に左の腰から、ゆっくりと左の脚を伸ばしていきます。

――腕の場合、肋骨から動かす意識を持つことで、肩のこりが軽減できるということでした。脚の場合は、おへそや腰から動かすということですか？

そうです。ですから歩くときも腰椎から歩くとよいでしょう。腰椎三番という、おへその後ろにある骨に、立ったときの重心があるので、そこから進めば楽に歩けるのです。脚がお尻の下についていると思うと、脚をひきずることになりますが、腰から出せばよく歩けます。

――腰から脚を出す？　イメージとしては、脚の付け根をへそまで上げて、そこから歩くのですか？

そうです。ただし、おへそから脚を出すのは「結果」で、まず仙骨の先端が前に押してくれていないと、歩けないですよ。だから腰椎と仙骨をセットで考えた方がよいです。腰と仙骨が一緒に起動していれば、上体はついてきてくれます。

――それができれば、長時間歩いても疲れにくくなるとか？

はい。ですから陸上競技の競歩などを見ていても、脚から出している人はいないでしょう？　腰と仙骨から前に出ています。

――なるほど。年を取ると膝が痛くなる人も多いですが、そういうことの予防にもなりますか？

はい。歩くということは「仙骨と腰椎を運ぶこと」という考えを持つことですね。お尻が脚の付け根だと思って、そこから歩こうとすると、どうしても上体が前傾して脚をひきずることになります。膝や腰に大きな負担がかかります。私の見るところ、ほとんどの人が脚をひきずって歩いていますね。現代人は「足で歩く」と思っていますが、本当はもう少し全身で歩くんですよね。脚の根は「腰」です。それを知るにはいまのように、膝を立てた状態で、腰から脚を伸ばしていくのが一番なのです。

さてここからは、シャバアーサナと背骨の話になります。少し専門的になりますが、聞いておいてください。

いまのように、膝を立てた状態で仰向けになると、背骨が鎖のようにまっすぐ伸びます。腰椎のカーブが伸びるのです。そこから脚を伸ばしていくと、カーブがまた戻ります（一九八頁の図を参照）。人の背骨は頸椎と腰椎に、ゆるやかなS字のカーブを描いています。これは人の直立を支えるのに不可欠な構造ですが、湾曲しているカーブの部分は常に負荷を受け、緊張を強いられています。これは横になったときも変わらず、背骨を伸ばして休むには、「膝を立てて仰向けになる」のが一番なのです。しかしそうすると今度は脚が少し緊張します。完全な弛緩、完全な休息とはならないのです。

背骨のカーブが無くなるのは、普通は臨終のときだけです。人が息を引き取ると、プラーナと生気体が分解し、筋肉も弛緩するので、背骨はほぼまっすぐ伸びた状態になります。

生きながらにしてこの状態をめざすのが、本来のシャバアーサナ、屍の姿勢です。仰向けのまま腰椎の反りを少なくしていき、完全な弛緩、完全な休息をめざすのです。もしできたら名手です。そのまま解脱の可能性もあります。ラマナ・マハルシが仰向けになって息を止め、「死の体験」をしたときがまさに、究極のシャバアーサナです。

インドの人が寝るときは、体の左側を上にして横向きで肘をつくのが普通です。仰向けになるのは臨終のとき、大往生のときだけなので、シャバアーサナの形はまさに「完全なる放棄」を表していると言えます。

21

それではシャバアーサナをやっていきましょう（実技編二七〇頁以降を参照）。

つま先を放り出して、腕は脇に置いて、手の平を上に向けます。

シャバアーサナでは目を閉じたまま、全身に意識を向けていきます。意識を向けると、向けたところの力が抜けていきます。今回はつま先から順に意識を向けていきますが、実際にこの順番で力が抜けていくわけでありません。プラーナが通っているところから抜けていきます。ですから指示通りに力が抜けなくてもかまいません。どこか一か所にこだわって、待つ必要はありません。終わるころに

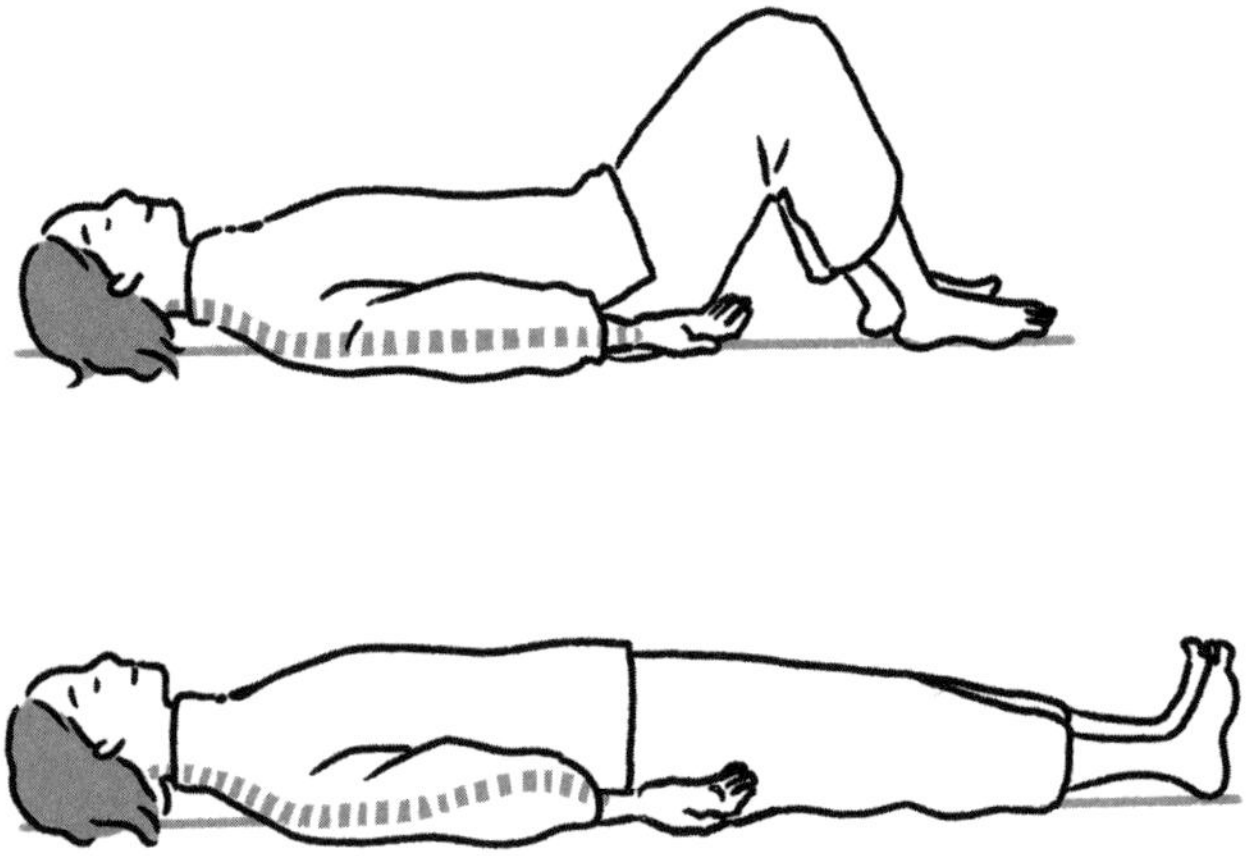

シャバアーサナ（屍の姿勢）の腰椎の変化

仰向けで膝を立てると腰椎のカーブが伸び、背骨もまっすぐに伸びてリラックスする。背骨を休めるにはこの「膝を立てたシャバアーサナ」がよい（上図）。脚を伸ばすと腰椎のカーブは元に戻るが、シャバアーサナではこのカーブを減らすこと（仰向けでもリラックスした背骨）を目指していく（下図）。

は全身に行き渡っています。

それではははじめましょう。つま先、足の甲、足首。ふくらはぎ、すね、膝関節、太もも、股関節。ゆっくりと順番に意識を向けていきます。

次は腕です。指先、手の平、手首。前腕、肘関節、上腕、肩関節。意識が行き渡ります。

今度は体の前面を意識していきます。まず骨盤、恥骨、下腹部、おへそのまわり。

そこからみぞおち、肋骨と上がってきて、胸骨へ。ウディアナバンダをやりましたので、今日はここにスペースがありますね。なかの心臓や肺も安定していきます。何の心配もありません。

それから鎖骨へ上ります。鎖骨が横に開いている喜びはありますか？　鎖骨が開けば、喉も楽になります。そこから今度は、顎、口へ行ってください。唇から口の中に入っていきます。歯、歯茎、舌、顔まで来ました。表情は変えなくてよいですよ。頬、鼻腔。静かに息をしていますか？

まぶた、目、眉、額。集中しないで。意識するだけでよいです。耳、こめかみ、頭、それから頭頂。一番上まで来ました。

そして、全身、全身、全身。これがヨーガです。部分にこだわらない。全身に意識を向けていきます。体に部分はありません。境い目もありません。いま、われわれのこの形を支えているのは、どこでしょう？

大地です。意識が床まで行き渡ります。

そして、しずか～な息をしているでしょう？　この息はどこからもらっていますか？

皆さんを取り巻いている大気からです。

いまは落ち着いているから、よくわかるでしょう。われわれは大地に支えられ、大気に包まれ、いまここにいます。自分ひとりで存在しているのではありません。全身に意識が行き渡ります。床に意識が行き渡ります。まわりの空間に意識が行き渡ります。そこに境い目はありません。

体が静かになりました。息が静かになりました。

心が静かになります。

静かな心には特徴があります。

広がります。
意識が床にもひろがる〜、自分を包むまわりにもひろがる〜。
これがシャバアーサナ、屍の姿勢です。
そして「ヨーガニドラー」、意識ある眠りを目指します。

Chapter 4

悟りをひらく、命をひらく

1

――「瞑想」「プラーナヤーマ」「アーサナ」と、ハタヨーガの基本の技術を教えていただきました。一般的なフィットネス系のヨガとは、ずいぶん様子が違いますね。

はい。やはり根本的な違いは、プラーナの意識があるかないかでしょう。

――シャバアーサナも「リラクゼーション法」として、多くのヨガ教室でおこなわれていますが、かなり感じが違いました。今回教えていただいたシャバアーサナは、体のあちこちがアイスクリームのように溶けていくような、ドロドロと脈打つような、はじめての感覚でした。

それはプラーナが全身に行き渡り、肉体より生気体が優勢になっているからです。床や空間との境い目がなくなるでしょう？

——全身ではありませんが、部分部分はそうでしたね。体の境界線がボワッと曖昧になる。

その感覚が、「プラーナとチャクラと肉体」の章でも説明した生気体（エーテル体）の感覚です。生気体は肉体の数センチ外まではみ出ているから、大気や床の中にも入るのです。なかなかよいところまで来ていますよ。

——なるほど。プラーナやエネルギーの体って、イメージだけでなく実感を伴うものなのですね。同時に、シャバアーサナの最中には筋肉的な反応もありました。勝手に伸び縮みするところが出てきて、ストレッチのような動きをはじめて。そういうときは、体に任せてよいのですか？

一向にかまいません。それは詰まりが取れているのです。これまで意識の向いていなかったところを、プラーナが通ろうとしているのです。誰の体にもこりや力みでブロックされているところがありますが、プラーナはそこを通りたいのです。どんどん通してください。

――意識で全身をスキャンしていくことで、それまで無自覚だった部位が意識化され、目覚めていくということでしょうか？　シャバアーサナはリラクゼーション法というより、瞑想に近い気もしますね。

もちろんシャバアーサナも瞑想坐法のひとつです。スカアーサナでは「坐骨を脚にして」坐り、シャバアーサナでは「体の背面をすべて脚にして」坐っているのです。

――「体を一定の形で床に置くこと」を「坐る」と定義すると、シャバアーサナも「坐法」になる？

そういうことです。シャバアーサナで全身の力が抜けると、人は重力から解放されます。軽く、明るく、体の重さがなくなります。「浮く」と言ってもよいでしょう。プラーナには重さがないので、生気体に移行するとそうなるのです。

――え、それは「空中浮揚」のような現象ですか？

肉体は浮きませんが、意識が粗雑な肉体から、微細なエネルギーの体へと移行するのです。これは「浮く」としか言えない感覚で、そしてそこには「アーナンダ（深い喜び）」があるので、「純粋意識」に近づいていることがわかります。

――やはりシャバアーサナでは、瞑想的なことが起こるのですね。

ただシャバアーサナでは背骨が横に寝ていますから、スカアーサナのような「背骨の垂直性」は得られません。瞑想にはどこまでも広がっていく「水平性」

と、天地を貫く「垂直性」の両方が必要なのです。安定感のうえに屹立する、ある種の厳しさはやはり背骨を立てた坐法によるものです。

――たしかにスカアーサナで坐るときは、「頑張り」が必要ですね。気づいたら背骨が曲がっているので、そのつど息を入れて姿勢を正して。

その気づきは大事ですよ。瞑想坐法で背骨を立てているとき、腰椎と仙骨、そして脚全体から「覚醒の信号」が脳に上がっているわけだから。

――「覚醒の信号」とは何ですか？

「寝るな」「目覚めていろ」という足腰からの信号です。立っているとき、坐っているとき、歩いているとき、つまり横になって休んでいるとき以外は、微細ながらもこの信号が常に上がっています。これは直立している人間を守るためです。シャバアーサナになると背骨が横に寝るので、この信号も上がらなくなります。

だからシャバアーサナで気持ちよくなって、そのまま寝てしまう人も多いのです。シャバアーサナでの瞑想は、坐ってやるより難しいですよ。

――「覚醒の信号」の覚醒とは、眠りに対しての「覚醒」ということですか？

そうです。

――「悟りをひらく」意味での「覚醒」ではなく？　単なる「眠気ざまし」の刺激？

眠気ざましにもなりますが、その信号に気づき続けていれば、悟りにもつながるでしょう。「睡眠とは違う、でも目覚めとも違う」というヨーガが一番大事にする状態に気づくチャンスです。ですから瞑想坐法で足腰の感覚に気づいていることは、とても大事なのです。準備もせず無理に脚を組んで、「しびれても痛くても我慢しろ」ではいけません。足腰からの大事な信号を受け取れなくなります。

――脚を組むことで起こる「痛み」や「しびれ」がノイズになると？

そういうことです。ある程度の緊張は、ほどよい刺激になりますが、度を越したものはダメです。瞑想でも坐禅でも、耐えられないほどの痛みやしびれがあるときは、一度ほどいて休めることです。感覚が戻ってから再開してください。瞑想は決して我慢くらべではありません。無理して坐ることは足腰を痛める原因にもなり、デメリットしかありません。

2

――脚を組むことでいえば坐禅の結《けっ》跏《か》趺《ふ》坐《ざ》とか、ヨーガにも両脚を組む難しい坐法（パドマアーサナ）がありますよね？　あれも無理して組む必要はないのですか？

はい、組めるなら組めばよいですが、無理して組む必要はまったくありません。ラマナ・マハルシも右脚前のゆったりしたスカアーサナを組んでいました。

――両脚が組めないとレベルの高い瞑想ができない、わけではない？

はい、関係ありません。ただ、どんな坐法でもある程度の背骨の垂直性は必要でしょうね。

――そうなると、両脚を組む坐法にはどのような意味があるのですか？

「ヨーガの瞑想」の章でも説明しましたが、脚を組むことでエネルギーの漏れを防ぎ、プラーナを体の中心に集めることができます。「パドマアーサナ（蓮華坐）」は両脚も完全に結ぶので、完全なエネルギーの円環が生まれます。

またパドマアーサナには鍛錬的な要素もあって、適度な脚締めにより、足腰から上がる覚醒の信号が強化されます。意識がとてもクリアになります。

パドマアーサナは、両足が鼠蹊部に完全に乗っていますが、これを少しゆるめて足首を交差させた形が「スワスティーカ・アーサナ（吉祥坐）」です。これは蓮華坐よりもおだやかで、長時間坐るのに適しているから、実用性では上でしょう。坐禅の結跏趺坐の多くもスワスティーカでしょうし、インドのヨーギたちもパドマアーサナと言いながら、実際はスワスティーカで坐っていることが多いです。

左右どちらの脚を上に組むか。「ヨーガの瞑想」の章でも申し上げたように、骨盤の性質でいえば、左脚が上の方が楽に坐れます。ただ個人差もあるでしょうから、右脚が楽という方はそちらでよいし、エネルギーのバランスを考えれば、一週間ごとに左右を入れ替えるのもよいでしょう。私も家で坐るときは、スワスティーカで右を上に三〇分、左を上に三〇分という具合に、交互に組み替えています。もちろんスカアーサナでもかまいません。背骨がのびやかなら、どんな坐り方でもよいです。

――なるほど。脚を組むことにいろいろ理由はあるけれど、必須ではない

パドマアーサナ（蓮華坐）

ということですね。

はい。気持ちよく長時間坐るために瞑想坐法があるわけで、難しい坐法を組むことが目的なのではありません。ヨーガは「部分」ではなく、もっと全体的なものですから、今回やったように、アーサナ、プラーナヤーマ、瞑想をバランスよくおこなうことが一番です。それを毎日続けていけば、脚も組めるようになりますから。遠回りのようで、一番の近道です。どうしてもいまパドマアーサナ、蓮華坐が組みたいなら、後ろに寝転がった状態で脚を組み、そこから起き上がってごらんなさい。楽に組めますから。

――話を戻すと、ヨーガを続けていくことで、体のかたさや姿勢の歪みなども改善されていくということですか？

もちろんです。ただし姿勢の歪みなどの「その人が潜在的に持っている傾向」をゼロにしなければハタヨーガはできないか？　そうではありません。その人が持っているもので最後まで行けます。修行が進んでも、その人の潜在的な傾向はある程度残ります。それでよいのです。ここはよく誤解されるところなので強調しておきたいですが、いまあるものをゼロにしてから次のステップに進むのではなく、いま、いま、いまあるものを抱えながらやっていけばよいのです。

――自分のマイナス要素をリセットすることが、ヨーガの目的ではないということですね？

その通りです。その人の傾向を「なくす」ことが目的ではないのです。なるべく「邪魔にならないようにして」進んでいきたいのです。

――ではたとえば、開脚ができなくてもよい？

誰もが完全な開脚をめざす必要はありません。それよりも、今日の脚はどのくらい開いて、どこが伸びて、どこが突っ張っているのか？　それを知ることが大事です。いまある状態でやれることを探していくのです。ゼロをめざす必要はありません。ヨーガは「戦い」ではないので。共存しながらやっていくところを探すハートが、とても大事なのです。

ヨーガ全体の歴史を見ると、体が不自由だったグル（導者）たちがかなりいます。アシュタワグラというグルがいましたが、アシュタが数字の八、ワグラが「曲がっている」の意味で、八というのは「八方」というように「すべて」を意味しますから、「すべて折り曲がっている」という意味です。体は大変不自由だったのでしょう。ですから、それでも悟れるということです。

また私の教室にも、体に不自由のある生徒さんがいらっしゃいましたが、動かせる範囲で気持ちよさそうにアーサナを楽しんでいました。身体に利かないところがあってもヨーガはできるのだと、その方を見ていて教わりましたね。

3

――「無理に蓮華坐を組む必要はない」とのことでしたが、アーサナの場合はどうですか？　たとえば「前屈ができない」場合、それを克服するために前屈のアーサナを徹底的にやるとかは？

苦手な方向だけに集中するのは、避けてください。その方向だけ疲労してきます。人って、苦手なことだけをやっていると、いじけてくるんですよね。技が小さくなります。得意な方向をやりながら苦手な方向もやる。あらゆる方向のアーサナをやったほうが早いです。

——得意なところだけ伸ばしていくのでもなく？

はい。アーサナをやるときは、数は少なくてよいから、背骨があらゆる方向に動くように組み合わせることです。背骨で見れば、すべてのアーサナはパドマアーサナの変化形です。アーサナの世界は、マンダラの本尊のようにパドマアーサナが中心にあり、そこからさまざまなアーサナが枝分かれして、ひとつの宇宙をつくっているのです。

今回は時間の都合で、東西南北の四方向しかできませんでしたが（ブジャンガアーサナ＝東、パスチモッタナアーサナ＝西、トリコナアーサナ＝南北）、普段の教室では「南南西」「北東」といった斜め方向やひねりの刺激、天地を逆にした刺激も背骨に加えていきます。ありとあらゆる方角に行った（背骨を動かした）後、そのど真ん中で坐るのです。

――あらゆる方角に行くことに、どのような意味が？

四方八方、どこへでも行けるということです。どこへでも行けるということは、その真ん中に居られるということですね。ですから同じスカアーサナで坐るにしても、その前にアーサナをやるとやらないとでは、ゆとりや安定感がまるで違ってきます。仙骨が立ち、背骨がおだやかなカーブを描き、そのまま瞑想に入れます。今回できなかったひねり技の「アルダーマッツェンドラ・アーサナ」と逆転技の「ヴィパリータカラーニ・ムドラー」は、解説動画（視聴方法は二八〇頁を参照）で見られますから、無理のない範囲でやってみてください。

――「背骨のルートにプラーナを通す」のが、アーサナの目的という話もありましたが。

はい。本音をいえば、背骨のルートと仙骨の先端の開発がアーサナの目的です。背骨の前にはスシュムナーと呼ばれるエネルギーの管が通っていて、仙骨の先端（ムラダーラ・チャクラ）には、クンダリニー・シャクティと呼ばれる根源的な生命エネルギーが眠っています。

ただし順番としては、スシュムナーやクンダリニーを開発する前に、背骨の裏側を通るプラーナのルート、そして片鼻交互呼吸でおこなった月の道（イダー）、太陽の道（ピンガラー）を開発していきます。

――それはなぜですか？

早く反応が出て、健康にも役立つからです。クンダリニーを上げるときは、背骨の前面を通るスシュムナーを通していくのですが、その前にまずプラーナをスシュムナーに通しておく必要があるのです。これにはそれなりの準備と時間が必要で、いきなりやってもうまくいきません。

その一方で、背骨の後ろのルートは、背骨の出っぱり（棘突起）をつなげたところに通っていますから、先ほどヨーガムドラーやパスチモッタナアーサナ、ブジャンガアーサナでやったように、背骨を閉じて開いて、閉じて開いての繰り返しで、わりと簡単にプラーナが通るのです。

――たしかに「背骨の前面」と言われても、うまく意識できないですね。背中側はさわれるので、わかりますが。

わかるでしょう？　ですから今回やったヨーガムドラーや、背骨を前後に倒すアーサナのコツは、背骨の裏側を背ビレのように閉じたり開いたりすることです。私はいつも「カジキマグロの背ビレのように」と言っているのですが、背骨にヒレがあると思って開閉したら、本当によくプラーナが通るんですよ。ここのルートを通すことができれば、全身にプラーナが行き渡ります！

――意識を全身に行き渡らせなくても？

背骨で全部通ります。ですからハタヨーガを健康目的でやるのなら、今回やった技術だけでも十分なのです。全身に生命の風が渡るわけですから。

――背骨の裏側のルートの名前は？

中国医学における経絡では「督脈《えい》」として知られているルートです。スシュムナー、月の道（イダー）、太陽の道（ピンガラー）と同じく、プラーナの通り道のひとつです。仏像の光背にも深く関係しています。「ナーディー」と言いまして、大小あわせて七万二千本のルートが人体にあるとヨーガでは見ています。どうやって数を数えたかはわかりませんが……（笑）。スシュムナーと、この背骨の裏側のルート、そして月の道、太陽の道。この四つは、七万二千本あるナーディーの基幹となるルートです。

――人体にある「プラーナの通り道」を総称して「ナーディー」と呼ぶのですね。それは目には見えない血管のようなものですか？

はい。瞑想していると、ナーディーが血管に先行し、ナーディーにプラーナが通ることで、血管に血液が流れていくのがわかります。一番早く動くのが意識で、その次にプラーナが動き、最後に血液が流れます。プラーナヴァーユが「風」というのは、「重さがなく動く感じ」がするからです。血液には重さがあります。

――瞑想中、その様子が見えているのですか？

はい。プラーナは明るいですから、プラーナが通れば、照らし出されますよ。葉脈のように枝分かれしたナーディーがあり、そこに血管や神経がついてきます。ナーディーは体の外側まで出て、まゆのように白く体を包んでいます。スシュムナーなどの太いルートは体内にありますが、そこから細かく枝分かれした細いナーディーが、体の外まで出ています。

——肉体に血管があるように、生気体の脈としてナーディーがあるということですか？

そうです。

——では生気体も曖昧なものではなく、脈のような構造を持っていると？

そういうことです。でたらめではないのです。

——「生気体は体の数センチ外まで出ている」という話でしたが、それとの関係は？

ですから同じことです。背骨の裏側を閉じるとき、「ヒレのように」と言ったでしょう？　それもナーディーが、背骨からヒレのように出ているからです。これは大事な情報だと思いますが、アーサナをおこなうときも、外に出ている体（生気体）と一緒にやれば、力むことなくのびのびとできるのです。筋肉がどうの骨がどうのと言っているうちは、どうしてもこじんまりとしたアーサナになりますよね。体の外の何センチか出たところで、生気体と一緒に動けるようになれば、無理がかからず、力みもなくなります。命の風が流れます。

これはヨーガに限らず、踊りなどでもそうでしょう。優れた踊り手は体だけでなく、自分のまわりの場を動かしています。ですからプラーナを知ることは、諸芸の上達にもつながるのです。

4

――背骨の前面のルート、スシュムナー管にプラーナを通すときは、どのようにおこなうのですか？

プラーナは意識と呼吸でコントロールできますから、スシュムナー管に意識を向けて、呼吸で通していけばよいのです。ただ先ほどあなたも言ったように、スシュムナーを見つけるのは難しいでしょう？

――そうですね。「背骨の前面」を意識できません。体の中のことなので。

スシュムナーは背骨の中にあるとされていますが、私の実感としては背骨の「前」を意識する方が通りやすいので、「背骨の前」としています。いずれにせよプラーナが通れば明るくなるので、「照らし出し」が起こります。懐中電灯で照らすように、体の内側が明るくなります。プラーナが集まれば、背骨も明るくなります。プラーナは骨も通過しますから。

――プラーナの明るさで、体の内側を意識化するということですか？

はい。そしてスシュムナーを浄化する「カパラバーティー」という呼吸法があり ますから、バンダやアーサナとあわせておこない、スシュムナーの詰まりを取っていくのです。眉間と尾骨と胸に特に大きな結節があり、ここが詰まったままクンダリニーの強大なエネルギーを上げるのは、とても危険です。カパラバーティーは「光る頭蓋骨」という意味で、プラーナがスシュムナーを上がることで、頭蓋骨の中が明るくなるのです。ですからカパラバーティーをやって、頭に明るさが出てくるようになったら、スシュムナーが通ってきていると見てよいです。

そして順序としてはこちらが先ですが、今回やった片鼻交互呼吸で、月の道（イダー）と太陽の道（ピンガラー）を通します。左右の道にプラーナを通していると、真ん中の道にも通るようになるのです。特に最初のうちは、直接スシュムナーを狙うよりもずっと確実です。真ん中を通したいときは、両サイドから行くのです。

――背すじを伸ばすときに、体の左右両サイドを伸ばしたように？

その通りです、プラーナも同じです。プラーナは左右の鼻孔から月の道と太陽の道を通って眉間のアジナー・チャクラに入り、そこからまた背骨に沿って左右に（月の道と太陽の道を通って）降りていきます。行き先は、尾骨のムラダーラ・チャクラです。

月の道、太陽の道、スシュムナーの三つのルートが、眉間と尾骨のチャクラの上下二か所で合流し、エネルギーの循環をつくっています。今回やった四拍、四拍、八拍の片鼻呼吸だと、プラーナは眉間のチャクラで止まってしまいますが、これが八拍、八拍、八拍の長さになると尾骨のムラダーラ・チャクラまで降りてきます。

――ひとつ質問なのですが、ヨーガの人体図では、太陽の道と月の道はらせん状に描かれていますよね？　プラーナヤーマで片鼻交互呼吸をおこなう際も、らせん状に交差させるのですか？

いいえ、その必要はありません。私の見るところ、左で吸うと体の左半分が照らされ、右で吸うと右半分が照らされるので、片鼻交互呼吸では、「左は左、右は右」と割り切っておこないます。交差させず、まっすぐ上下させればよいです。

これを長く続けていると、やはりらせん状に交差している力もあるでしょうから、最後にスシュムナーが生きてきます。数をやると左右のバランスが取れて、プラーナが真ん中の道を上がってきます。

――プラーナが左右で循環し続けると、ある時点から真ん中に向かうということですか？

そういうことです。スシュムナーに関しては、プラーナは下から上に上がっていきます。そして上がったものだけが降りる可能性があります。

――プラーナがスシュムナーを通ったときの、目安はあるのですか？

肉体がなくなります。

――え？

スシュムナーが完全に通ると、肉体がなくなります。あるうちは通っていません。

――肉体がなくなると、どうなるのですか？

チャクラが見えてきます。スシュムナーに根ざす形で、下からチャクラが照らし出されます。このとき、粗雑な肉体はもうありません。本当に明確に照らし出されるのはクンダリニーが上がったときですが、この段階のプラーナでも、ある程度は明るくなります。

――体がなくなっても、意識はある？

もちろんです。呼吸もはっきり聞こえています。意識はむしろ、どんどんクリアになります。「ヨーガの瞑想」の章でも申し上げたように、肉体が自分なのではなく、本来の自己は「純粋意識」なわけですから。

――「体がなくなる」というのは、意識のフォーカスが、肉体からエネルギーの体へ移るということですか？

そういうことです。通常、チャクラを描いた図では、肉体とチャクラを並べて描いていますね？　この本でも何度も見てきましたが、あれは、便宜的なものです。「プラーナとチャクラと肉体」の章で、五つの層にわけて人の体を見ましたが（一〇一頁の図を参照）、実際の意識としては、次の層に移行したとき、前の層の体はもうないのです。テレビのチャンネルを替えるように、次の層の体、また次の層の体へと、一つひとつ切り替わっていきます（チャクラにも階層があり、次の層のチャクラへと移行していきます）。ですから実際の瞑想では、図に描かれているように、肉体とチャクラが「二重写し」になるようなことは決して起こらないのです。

チャクラの様子も、図に描かれているものと実際の見えかたは少し違います。図では、七色の光の球が、背骨に沿って並んで描かれることが多いですが、私が見るところ、あのようにはっきりとは分かれていません。虹のスペクトラムのように、徐々に色が変わっていきます。チャクラといっても光ですから、基本にプラーナの白い光があり、それが反射の角度で何色にも分光されるのでしょう。音楽のCD（コンパクトディスク）が回転するとき、七色に光るじゃないですか？ あれが球体になって回転していると思えばよいです。

5

――いまのチャクラの話はリアルでした。プラーナヤーマってすごいですね。はじめは「鼻詰まりを取るのか？」くらいに思っていました。

呼吸を単なる「酸素と二酸化炭素の交換」とみる現代生理学の考え方では、そう思うのも無理もないでしょう。ですからプラーナがないと、ヨーガ本来のゴールにはたどり着けないのです。プラーナに乗って存在の究極まで行こうとするシステムがハタヨーガです。

――プラーナヤーマも瞑想も、呼吸としては「吸う↓止まる↓吐く↓止まる」の繰り返しですものね。個々の動作こそちがいますが、やっているうちに同じことを繰り返しているように思えてきました。

その通りです！　ハタヨーガの基本は「吸う、止まる、吐く、止まる」です。特に「止まる」が大事です。息が止まるとき、心も止まるのです。

そして瞑想の基本は「呼吸のすき間にいる」ことです。アーサナも同じです。アーサナでは特に「ヨ〜、ガ」のリズムで吐き終えた後の「余韻」が大事になってきます。そこに呼吸の停止点、呼吸のすき間があるわけですから。

――息を吐き終えて、次の息を吸うまでの、すき間？

そうです。そこで吐いた息に乗っていけば、立派な瞑想になります。

――ハタヨーガの技法には、どれも瞑想の要素があるということですか？

はい、もちろんです。坐禅のように、ひたすら坐って最後まで行く方法もあるのでしょうが、ハタヨーガでは呼吸法もやり、体も動かし、息に乗って最後まで行くのです。そしてその途中で、健康面でのおみやげもあるということです。プラーナは生命のエネルギーですから、健康に役立てることもできるし、同じエネルギーを使って、悟りに向かうこともできるのです。

これはとても大事な情報なので、「呼吸のすき間」についてもう一度説明しておきましょう。

息を吸って止まる、吐いて止まる。呼吸のすき間で息が止まっているときは、ごくごく僅かな間ですが、誰もが「純粋意識」に入っています。ひとりの例外もありません。呼吸が粗雑なうちはなかなか気づけませんが、息が精妙になるとわかってきます。

これは瞑想にかぎらず、夜寝るときと朝起きるときも同じことが起きています。眠りに落ちる瞬間と、眠りから目覚める瞬間は、誰でも「純粋意識」を通過しているのです。あまりに一瞬のことなので、気づいていないだけです。瞑想は「眠りでも目覚めでもない第四の意識」と呼ばれることがありますが、それはこのことを表しているのです。自我のない心が「純粋意識」を歪みなく映しているのです。

6

――この本も終わりに近づいてきました。本書の内容を家庭でやるとしたら、何をどのくらいやればいいですか？

瞑想のその日の出来不出来は二〇分はやらないとわからないので、やはり二〇分はやってください。瞑想に入るまで少し時間がかかりますから、最初の五分は導入の気持ちでよいです。さまざまなレベルの方がいると思いますが、どのようなレベルでも二〇分あれば、その人なりの瞑想ができます。日によって、瞑想の出来ばえは違ってきます。どれだけ上達しても「なんかうまくいかないな」という日はあります。それもその人の波というかリズムのひとつですから、気にすることはありません。

――塩澤さんにもそういう日はあるのですか？

私の場合は、前の日に体のある部分にプラーナを満たすと、その次の日はそこにプラーナを通そうとしても、「もうここはいっぱいだから他所に入れてくれ」とばかりにプラーナが別の場所に流れていきます。瞑想の前にプラーナヤーマをやっておけば瞑想の出来栄えに天地の差が生まれますので、二〇分に対して五分のプラーナヤーマをおこなっておいてください。

――片鼻交互呼吸をおこなえばサットヴァの状態、息のリズムが整い、エネルギーのバランスが整った状態になるとのことでしたね。瞑想の前にプラーナヤーマをおこなうことで、そうなると。

はい。そしてその前にアーサナを二、三やっておけばなおよいです。

――となると、一セット三〇分は必要ということでしょうか？　ひとりでやるには、なかなか大変かもしれませんね。

ええ、最低三〇分はできるとよいですね。

――わかりました。日にちの間隔的には、どのくらいのペースがよいですか？

できれば毎日がいいですが、三日に一度はやりたいところです。それ以上間を空けると、なかなか身につきません。そして朝でも夜でもよいですが、やる時間はできれば決めてください。

――いつも同じ時間帯におこなうようにする？

はい。条件反射的にその時間が来ると、体も「またか」となりますから。同じ理由で、場所や服装もいつも同じにしたほうが、やりやすくなります。

――自分なりのパターンやサイクルをつくっていくということですね。

はい。そのサイクルで三×七＝二一日。三週間分やってみると、何か変化が出てくるでしょう。人間のリズムは三週間でひとつの区切りになっているようですから、ヨーガに限らず何かものごとをはじめるときは、三週間をひとつのサイクルとして見ていくとよいですよ。

――わかりました。最後にひとつ、瞑想について質問です。「呼吸のすき間で、息の停止点にとどまる」ことが大事とのことでしたが、これは息を吸い終えて「止まっている」、吐き終えて「止まっている」状態を「意識する」ということですか？

はい。

――「息が止まっている状態を意識する」ことができたら、その後はどうすればよいのですか？

そのままでいればよい。

――何もしなくても？

はい。息を静めて、心を静めるのが瞑想ですから。息が止まっているときは思考にも停止傾向がはっきり出てきますから、そこに小細工はいりません。要は、心身ともに目覚めた休息状態になったのですから。静かに坐っていればよいので、そのまま、そのまま……。

——何もしないでいると、何も起きないので、じれったくなってきて……。

そこを本当に楽しめたら、次のところに行けます！　十分に感じて味わうことです。素直にそこにいることができたら、次の段階に行きます。だから最後は、息にまかせるしかないんですよね。

——息が止まっている状態でも？

止まっていても呼吸なのです。止まっている息と、ともにいるのです。息が精妙で長くなってくれれば、呼吸の停止点、つまり「純粋意識」にとどまることも特別なことではなくなります。全身が一脈となり、心拍数も一分間に六〇回と安定します。いつも心臓は全身に血液を送るのに必死ですが、その負担も減らせます。ヨーガでは人の生涯の呼吸数も伝えられていますが、息が長くなれば呼吸の回数も少なくなるので、そのぶん長く生きられるということです。息を静かにすることは、心臓の休息にもなるのです。息が短くても、停止点が長いと同じことが起こります。

――休息、つまり「息が休まる」と。

そういうことです。それが極まれば「ケーワラクンバカ」、呼吸の完全な停止となります。これがヨーガの最終的な目標で、ラマナ・マハルシも達成していました。この先の話は、また機会がありましたら。

――今回はどうもありがとうございました。

最後にひとつだけよいですか？　瞑想では日常的な意識を超えていくので、いろいろなものが見えたり聞こえたりすることもあるでしょう。それでも呼吸を忘れなければ大丈夫です。何が起きても、「ソー、ハーン、ソー、ハーン……」。

息と一緒にいてください。そうすれば迷うことはありませんから。「オーン」や「ソーハム」のマントラは、ヨーガ行者のあいだで何千年と使われてきた「呼吸の乗り物」です。マントラに乗れば、ゴールまで行けます。息もなくなり、マントラも消えるまで行ってください。そしてまた戻ってくることができます。皆さんも、心ゆくまで「息」を楽しんでください！

命ある限り、呼吸はいつも一緒にいてくれます。

実技編

骨盤の準備運動

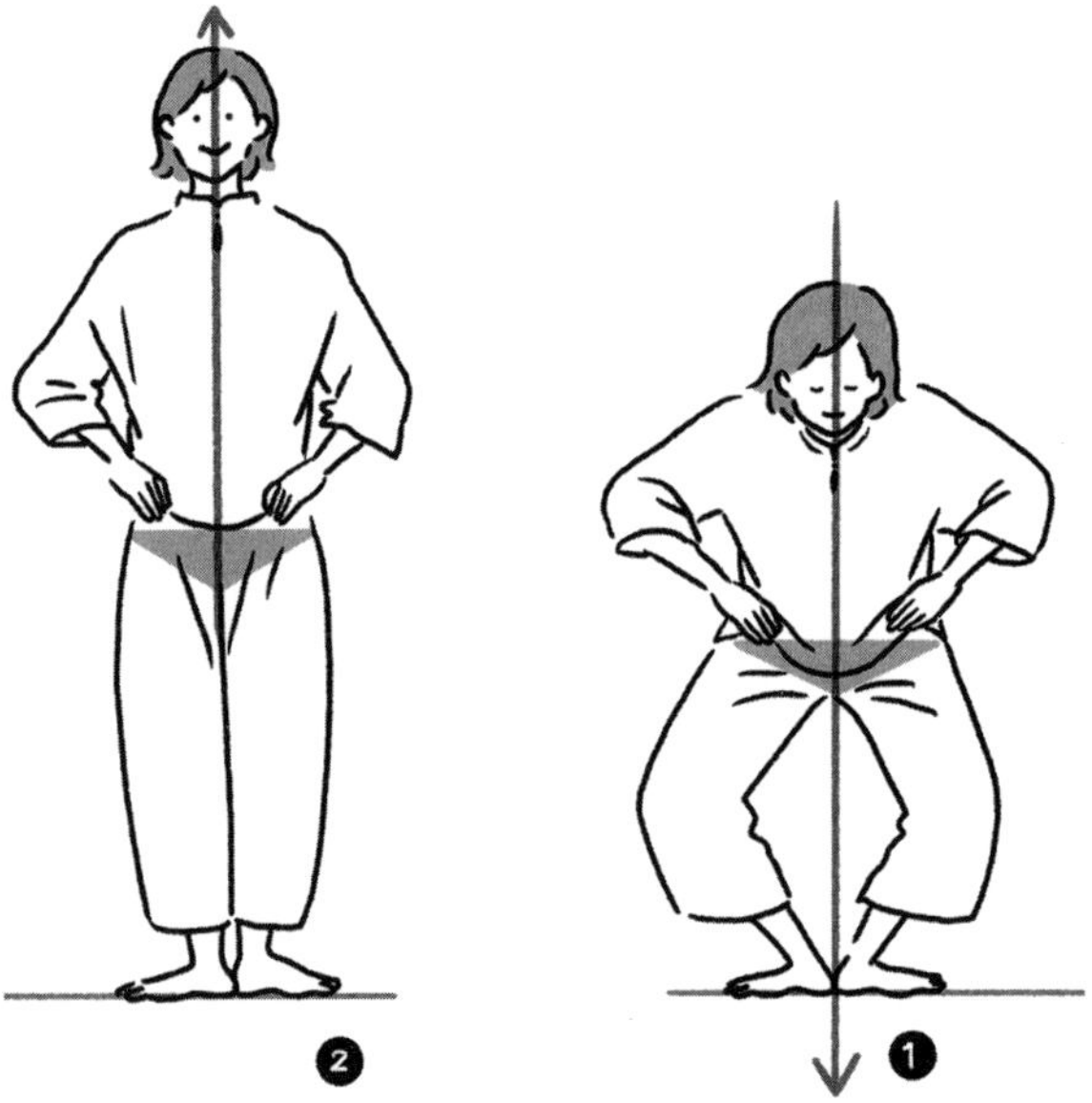

① 足を揃えて立つ。腰に手を当て、膝を曲げながら両足を180度に開く（できる範囲で）。
② そのままゆっくりと膝を伸ばし、まっすぐ立ち上がる。体の軸がぶれないように。膝裏をつける気持ちで（できる範囲で）。
③ ②の屈伸を数回繰り返す。肛門や尾骨のあたりにキュッとしまる感覚が出てくれば、仙骨がよい角度になっている。

スカアーサナ
安楽座

全体のポイント

・板の間など固い床の上でおこなう（床の力で背すじを伸ばす）。
・重心は左右のどちらかが優勢でよい（「中心で坐る」ことにこだわりすぎない）。
・骨盤の準備運動での「お尻のしまる感覚」を保つ（仙骨のよい角度を維持する）。

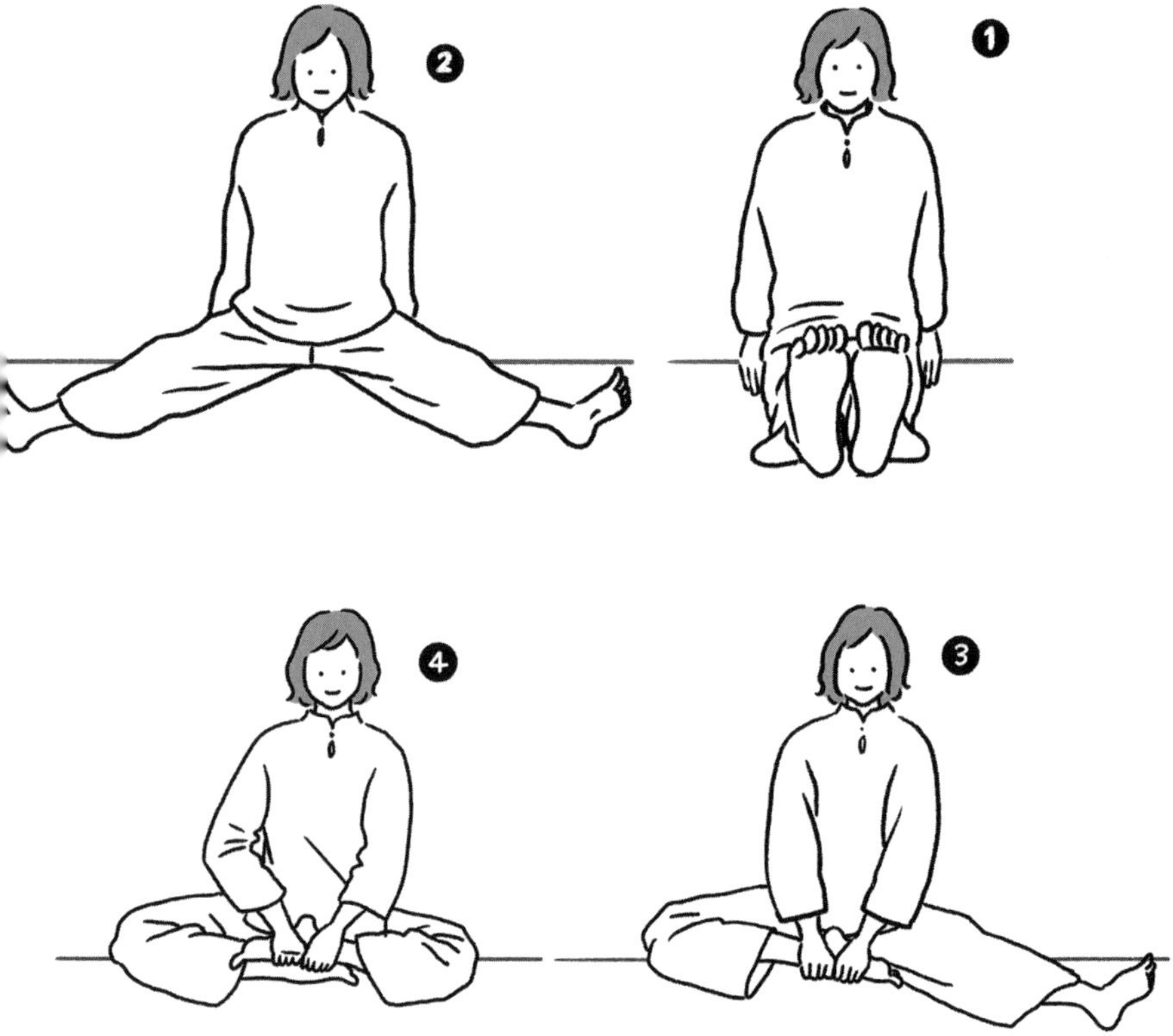

①両脚を前に伸ばす。
②左右に開脚する（できる範囲で）。
③片脚を折り曲げ、踵を寄せる。
④反対の脚を寄せ、すねに乗せる（きついと感じる人は床に置いてもよい）。

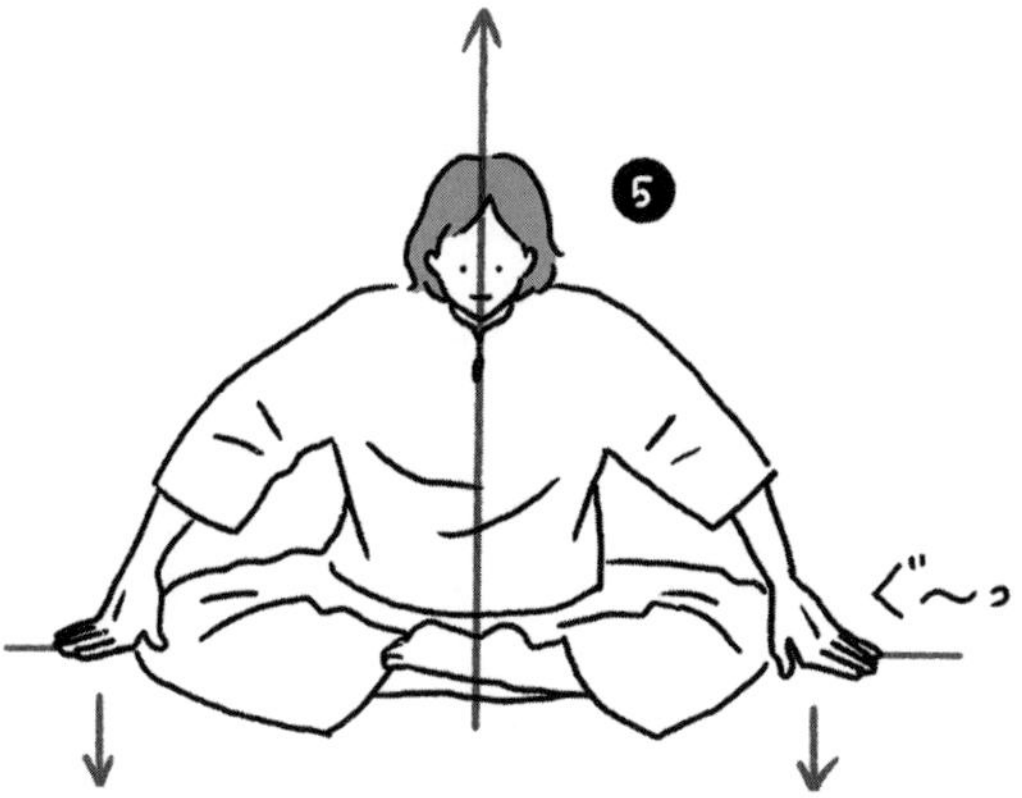

⑤ 両手で床に「ぐ～っ」と体重をかけ、体を持ち上げる（左右両サイドを伸ばすことで、中心の背すじが伸びる）。骨盤を前後左右に倒して、一番落ち着く所で坐る（自分の重心を見つける）。床と水平に、軽く顎を引く。後頭部が上がり、目線が斜め下になる。

⑥ 軽く目を閉じる。親指と人差し指をつけ、印を結ぶ（チンムドラー）。または両手を重ねてお腹の前に置く（叉手）。

仙骨と背骨を立てるには？

高山リョウ

この本の聞き手の高山です。体の専門家ではありませんが、「ならう側」の立場から「ヨーガの疑問点」を考えてみようと思います。塩澤先生のヨーガ教室で、初心者の方から「仙骨がわからない。背骨を立てるとは？」という話を聞きました。普段の生活では、まず意識しませんからね。

なのでまずは「意識する」ことだと思います。八三ページの「仙骨の角度と位置」の図をよく見て、「自分の体にもこの骨はあるのだ」と自覚する。お尻や腰をさすりながら……。学校でもどこでも教わってこなかったことなので、自分の体の一部なのに、わからなくなっているのです。まずは「見る、さわる」で「このへんに……ある？」ということから確かめていきましょう。

次は「動かす」です。実技編の「骨盤の準備運動」（二四二頁）は、仙骨の意識化に大いに役立つと思います。仙骨そのものはわからなくても、お尻がしまる感じや、内ももがつっぱる感じ、腰から上が押し上げられる感じなどはわかるはずで、それら周囲の感覚をたよりに（外堀から埋めていく感じで）、「仙骨が立つ」感覚がしだいに浮き彫りになってきます。

そして「スカアーサナ（安楽座）」。準備運動で得たお尻まわりの感覚に乗って坐ります。ここから先は「呼吸」でしょう。「背骨を立てよう」とするより「息が広がる、沈む」を追う方が姿勢が整います。土台から持ち上げられるように、ぐぐっと背骨が立ってきます。「筋肉のがんばり」でなく「呼吸の支え」で立つのです。

バンダ
からだに風を通す

全体のポイント

骨盤、みぞおち、喉に呼吸（プラーナ）を集めて上昇させることで、その部位の感覚が磨かれ、スペースが生まれる。心身ともに風通しがよくなり、チャクラの開発にもつながる（骨盤＝ムラダーラ・チャクラ、スワディシュターナ・チャクラ、みぞおち＝マニプーラ・チャクラ、喉＝ヴィシュッダ・チャクラ）。

ウディアナバンダ

みぞおちに風を通す

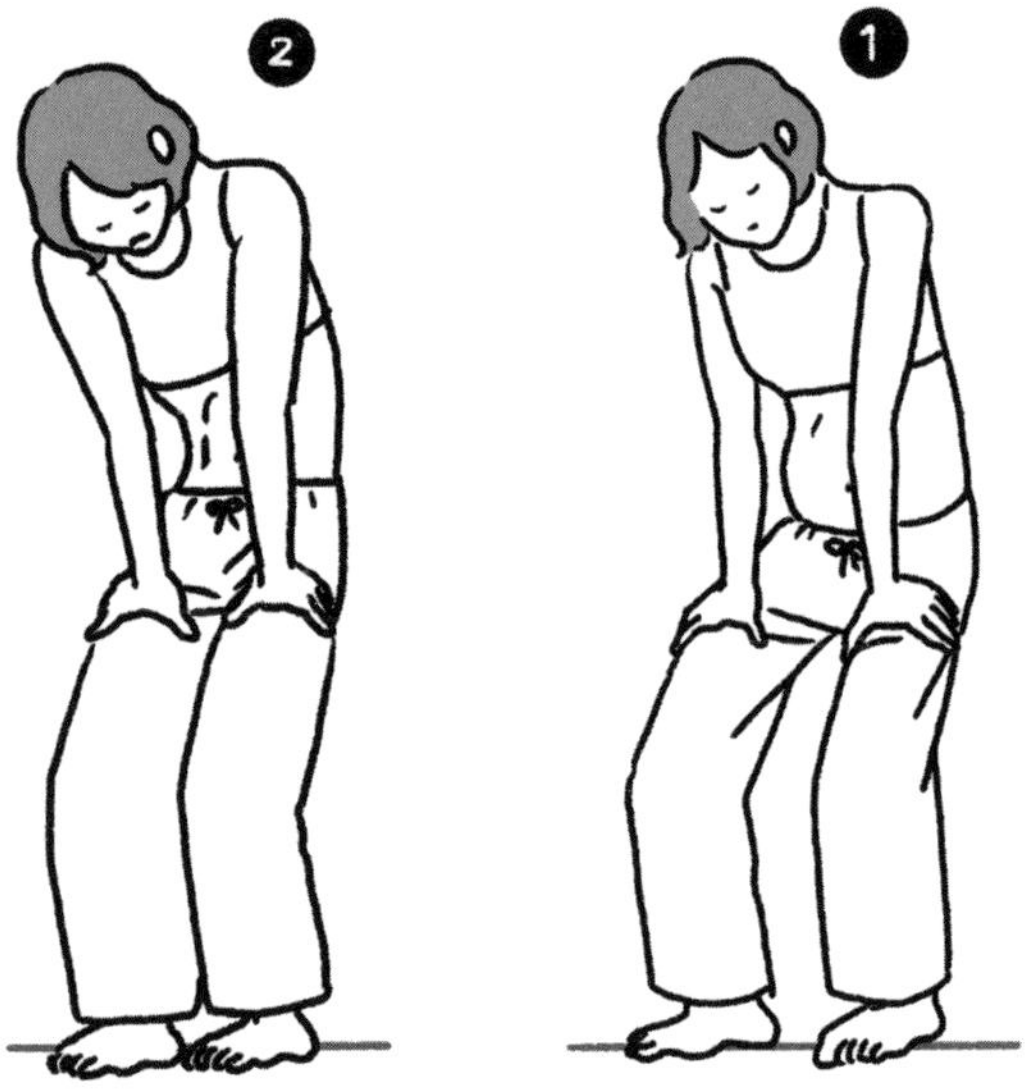

① 姿勢をとる。足を肩幅に開き、軽く膝を曲げ、両手をついて構える。軽く目を閉じる。

② 軽く息を吐きながら、顎を鎖骨のくぼみにつけて、喉を閉じる。バンダをかける。息を吐きながら、おへそを背中につける気持ちで「ぐ〜、うっ」としぼる（お腹がへこむ）。そこから息を吸う真似をして、「ぎゅ〜、うっ」とお腹を引き上げる。 息を止めたまま、みぞおちに意識を向ける（プラーナが集まる）。

※のぼせないように、しっかり顎を引き喉を閉じること。

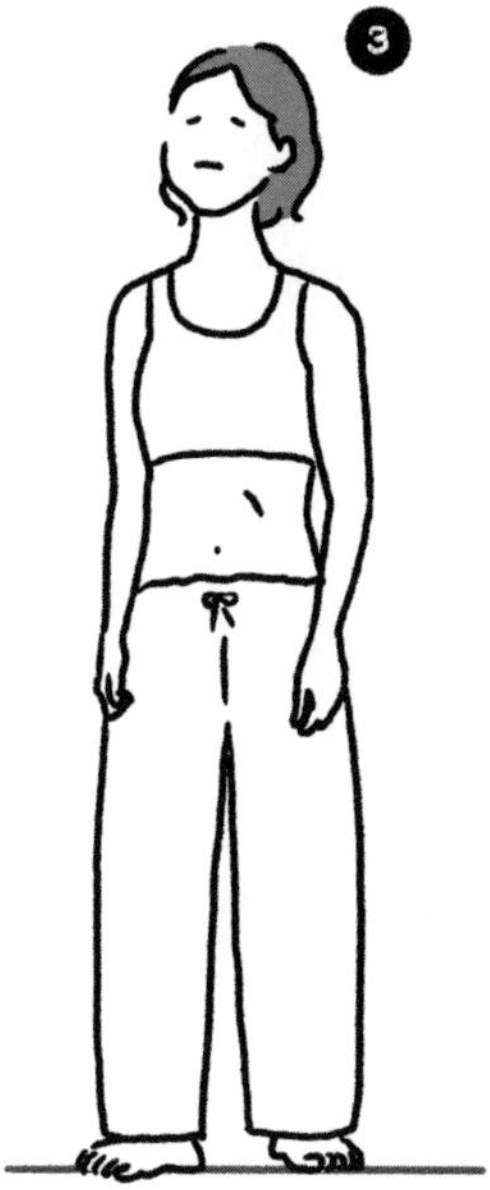

③苦しくなる前に喉とみぞおちをゆるめ、息を吸いながら上体を上げていく。みぞおちにスペースが生まれ、プラーナ（生気）が満ちていく。十分に息が入ったら、肩で息を抜く。終わったらシャバアーサナをおこなう（実技編270頁以降を参照）。

ムーラバンダ

骨盤に風を通す

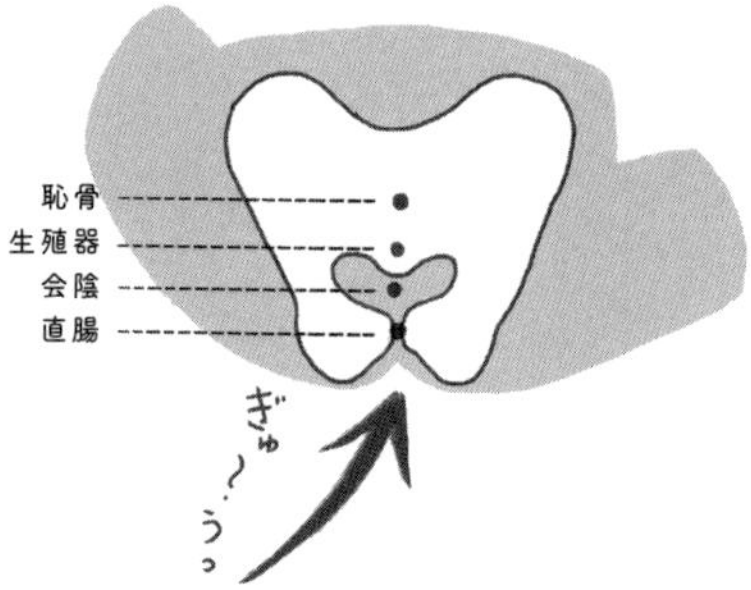

①姿勢をとる。両脚を開き、左の踵を会陰（肛門と生殖器の間）につけて、右膝を立てる。右腕は膝にかけ、左手は膝のあたりに置く。軽く目を閉じる。
②バンダをかける。吸う息で「ぎゅ〜、うっ」と肛門を引き上げ、息を止める（プラーナが上昇する）。会陰につけた踵で、骨盤の中の様子を観察する。苦しくなる前に息を抜きながら、静かに肛門をゆるめる（一気にゆるめないこと）。以下の４段階に分けてバンダをかけていく。
③肛門から1. 直腸、2. 会陰、3. 生殖器、4. 恥骨の順にバンダをかける。最後に１〜４までまとめて（骨盤基底部全体に）かける。終わったらシャバアーサナで意識を向ける（骨盤にプラーナが行き渡る）。

パワンムクタ・アーサナ

関節に風を通す

全体のポイント

・静かな鼻呼吸で10回ずつおこなう（本書掲載の技法はすべて鼻呼吸でおこなう）。軽く目を閉じてもよい。
・動作は「曲げる」「伸ばす」「回す」。吸いながら曲げ、吐きながら伸ばすことで、関節にプラーナ（生気、風、エネルギー）が通る。回すときも息は止めない。
・伸ばすときは「ぐ〜、うっ」と後半を強くする（吐く息を長めにする）。

脚のパワンムクタ・アーサナ

脚の関節に風を通す

足指（曲げ伸ばし）

吸う息で指をよく開き、吐く息で「ぎゅ〜、うっ」と握る。

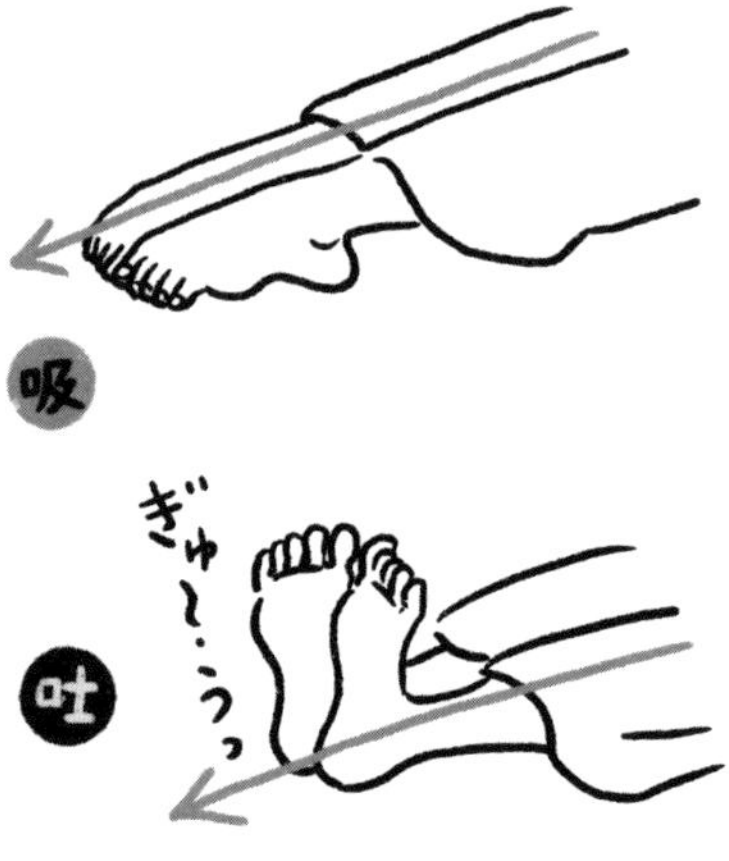

足首（曲げ伸ばし）

吸う息で足先を前に伸ばし、吐く息で「ぎゅ〜、うっ」と踵を押し出す。

足首（回旋）

足首を手で固定して回す。意識を向けることで、足首の関節にプラーナが通る。左右両方向、両足でおこなう。

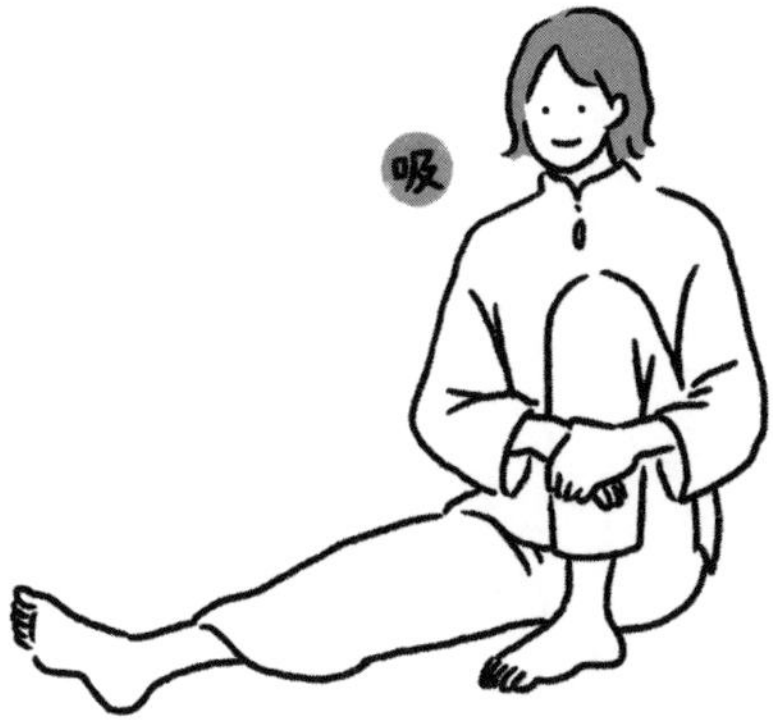

膝（曲げ伸ばし）

吸う息で脚をたたみ、吐く息で「ぐ〜、うっ」と膝裏を伸ばす。ももの付け根から踵まで、脚の裏筋すべてを伸ばす。吐く息（プラーナ）が裏筋に流れる。左右おこなう。

膝（回旋）

両手でももの裏を抱えて、膝を回す。踵を上げるときだけ力を入れると、よく回る。左右両方向に回し、両脚でおこなう。

股関節（曲げ伸ばし）

片脚を伸ばし、片脚を組む。吸う息で膝を寄せ、吐く息で「ぐ〜、うっ」と伸ばす（できる範囲で）。左右おこなう。

股関節（回旋）

股関節（曲げ伸ばし）と同じ姿勢で股関節を回す。片手で膝、片手でつま先を持ち、脚全体を回す。動かす物が大きく（脚全体）、可動域は狭いので（股関節）、なかなか難しい。左右両方向に回し、両脚でおこなう。

股関節（ちょうつがいの開閉）

吸う息で両膝を閉じ、吐く息で「ぐ〜、うっ」と開く（できる範囲で）。股関節にプラーナが通る。

腕のパワンムクタ・アーサナ

腕の関節に風を通す

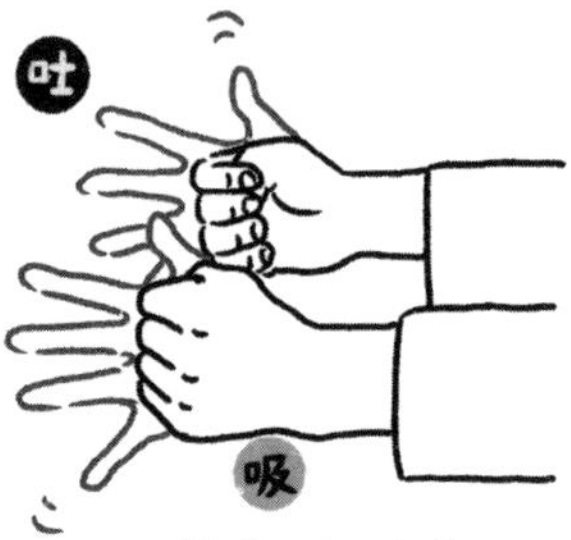

指（曲げ伸ばし）

吸う息で親指を包むように握り、吐く息で「ぐ〜、うっ」と開く。

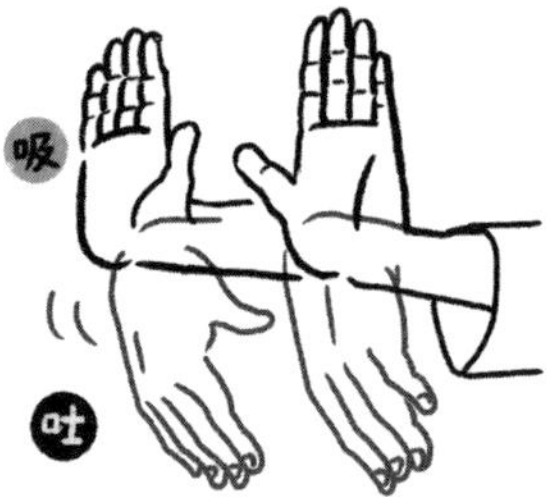

手首（曲げ伸ばし）

吸う息で手の平を立て、吐く息で「ぎゅ〜、うっ」と折り曲げる。手の甲を壁につけるイメージでおこなう。

手首（回旋）

手首を固定して回す。小指を軸にすると、よく回る。左右両方向に回し、両手でおこなう。

肘（左右の曲げ伸ばし）

吸う息で肩に指をつけ、吐く息で左右に伸ばしていく。前腕を体から離していくと、よく伸びる。

肘（回旋）

手の平を支えに前腕を回す。尺骨を軸にすると、よく回る。左右両方向に回し、両腕でおこなう。

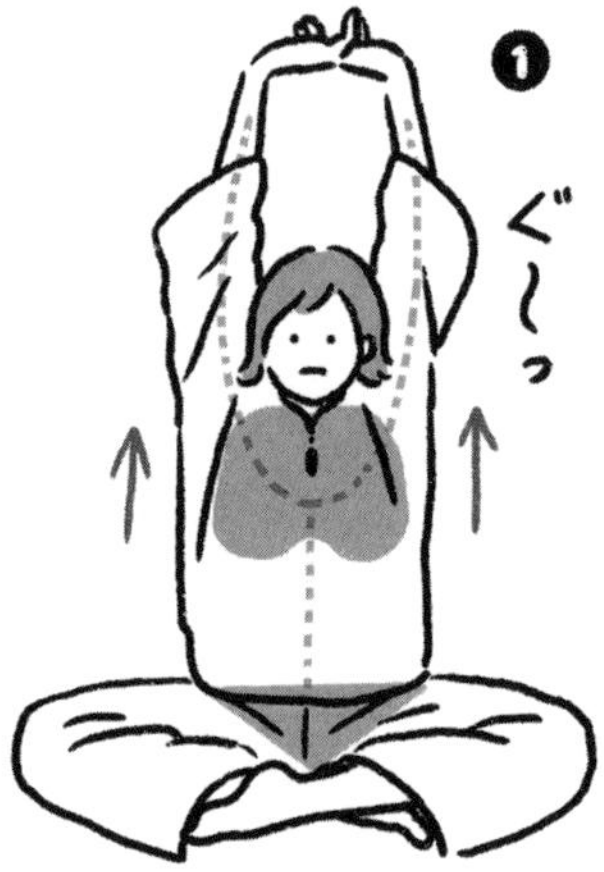

腕（上下の曲げ伸ばし）

両手を組み、吸う息でゆっくり上げていく。肋骨から上げると、よく上がる。

腕（前後の曲げ伸ばし）

吸う息で鎖骨に指をつけ、吐く息で前に伸ばしていく。前腕を体から離していくと、よく伸びる。

肩（回旋）

両手を鎖骨につけ、脇を締め、吸う息で肘を上げる（前腕が耳を通るように、肋骨から上げる）。吐く息で両肘を開き、後ろから前に回して（肩甲骨を回す）、元の姿勢に戻る。逆方向もおこなう。

プラーナが流れると体が変わる

高山リョウ

この本の聞き手の高山です。瞑想に興味があり、塩澤先生のヨーガ教室に通うようになりました。とはいえ体はかたいです。だからヨガをやろうなんてずっと思わなかったし、開脚や前屈はいまでも苦手です。読者の中にも「実技はちょっと……」と思ってる方がいるのでは?

そして「プラーナ（生気）」。目に見えないので、なかなか信じられないと思います。私の場合、塩澤先生からヨーガを通して、徐々にその感覚を蓄えていきましたが、本を読むだけでは難しいかもしれません。

プラーナを意識して、「アーサナ（姿勢）」をおこなう。はじめはイメージトレーニングでよいと思います。呼吸の出入り（これは実感できると思います）に合わせて、「プラーナが流れている」とイメージしながら体を動かす（イラストの矢印を参考に!）。一度や二度では難しいでしょうが、何度も繰り返しているうちに、不思議なことに、体の方に変化が起きてきます。「伸びなかった腕がぐーっと伸びる」とか「ねじれていた背すじがぐぐっと戻る」とか。

「それは何度も繰り返したからで、プラーナがなくても起こるのでは?」

そう思う方もいるでしょう。でも普通のストレッチで伸びる時の「痛ぎもちいい」とは明らかにちがう、「抜けるような爽快感」があるのです。「あはは!」と笑いが出るような。

目に見えずとも、体が変わります。この本のどれかひとつでいいので、実技をやってみてください。

ヨーガムドラー
背骨に風を通す

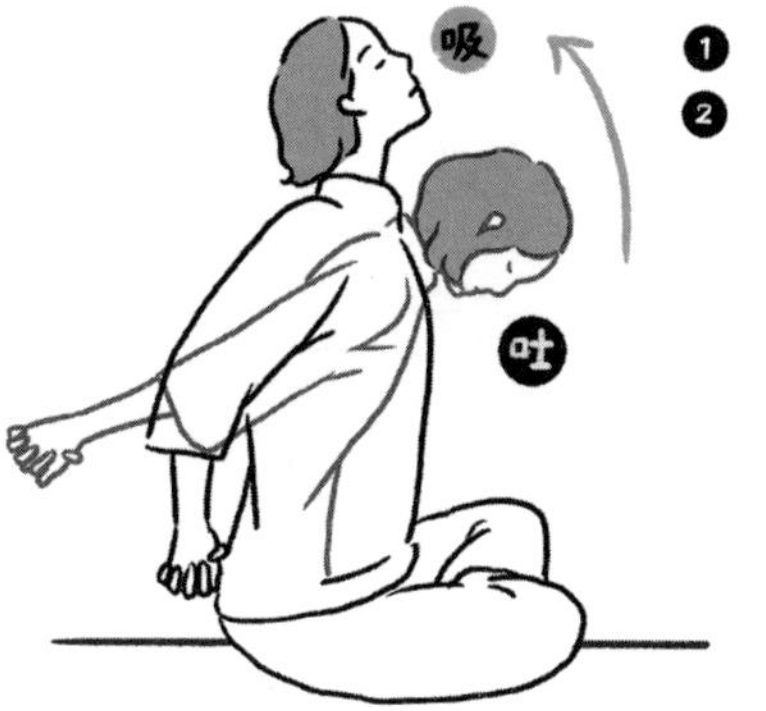

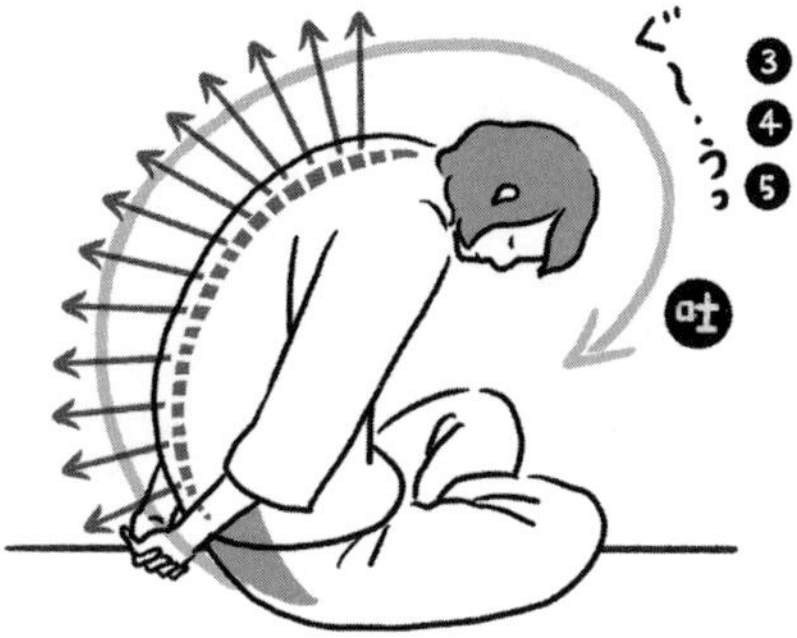

表

① 後ろ手を組み、軽く目を閉じる。息を吐きながら首を前に倒し、背中を丸める（仙骨を後ろに倒す）。
② 首を持ち上げ（仙骨を前に倒し）、大きく息を吸う。
③ 息を吐きながら首を前に倒し、背中を丸め、お腹をしぼっていく（①をより深くおこなう）。「ぐ〜、うっ」とお腹に頭を入れる気持ちで。
④肩甲骨を左右に開き、背骨の後ろ側に意識を向ける。静かな呼吸で背骨の関節を開いていく（プラーナが流れる）。
⑤ 苦しくなる前に息を抜き、元の姿勢に戻る。

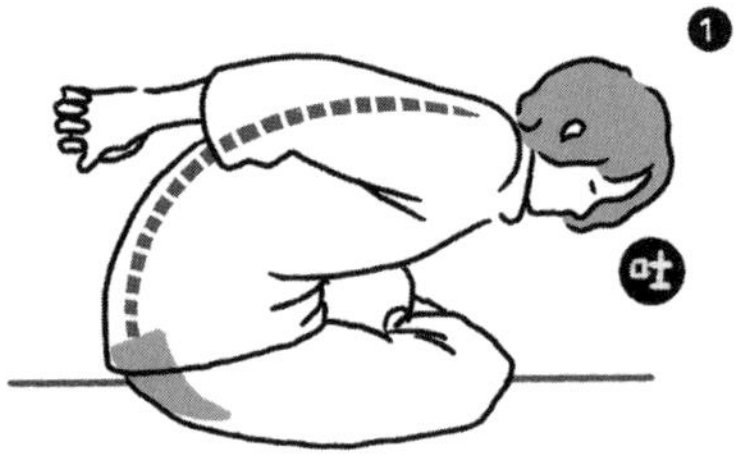

裏

① 後ろ手を組み、軽く目を閉じる。息を吐きながら、上体を前に倒す（仙骨を後ろに倒す）。

② 大きく息を吸いながら「ぐ～、うっ」と上体を持ち上げる（仙骨を前に倒す）。

③肩甲骨を中央に寄せ、静かな呼吸で、胸と喉を開いていく（プラーナが流れる）。表のヨーガムドラーとは逆に、背骨の関節は閉じている。

④ 苦しくなる前に息を抜き、元の姿勢に戻る。

アーサナ 姿勢

全体のポイント

- 静かな鼻呼吸でおこなう。
- 体はすべて仙骨（の先端）から動かす。
- 「いち、にい、さ〜ん、し」。サンスクリットのリズムに乗っていく。

トリコナアーサナ
三角の姿勢

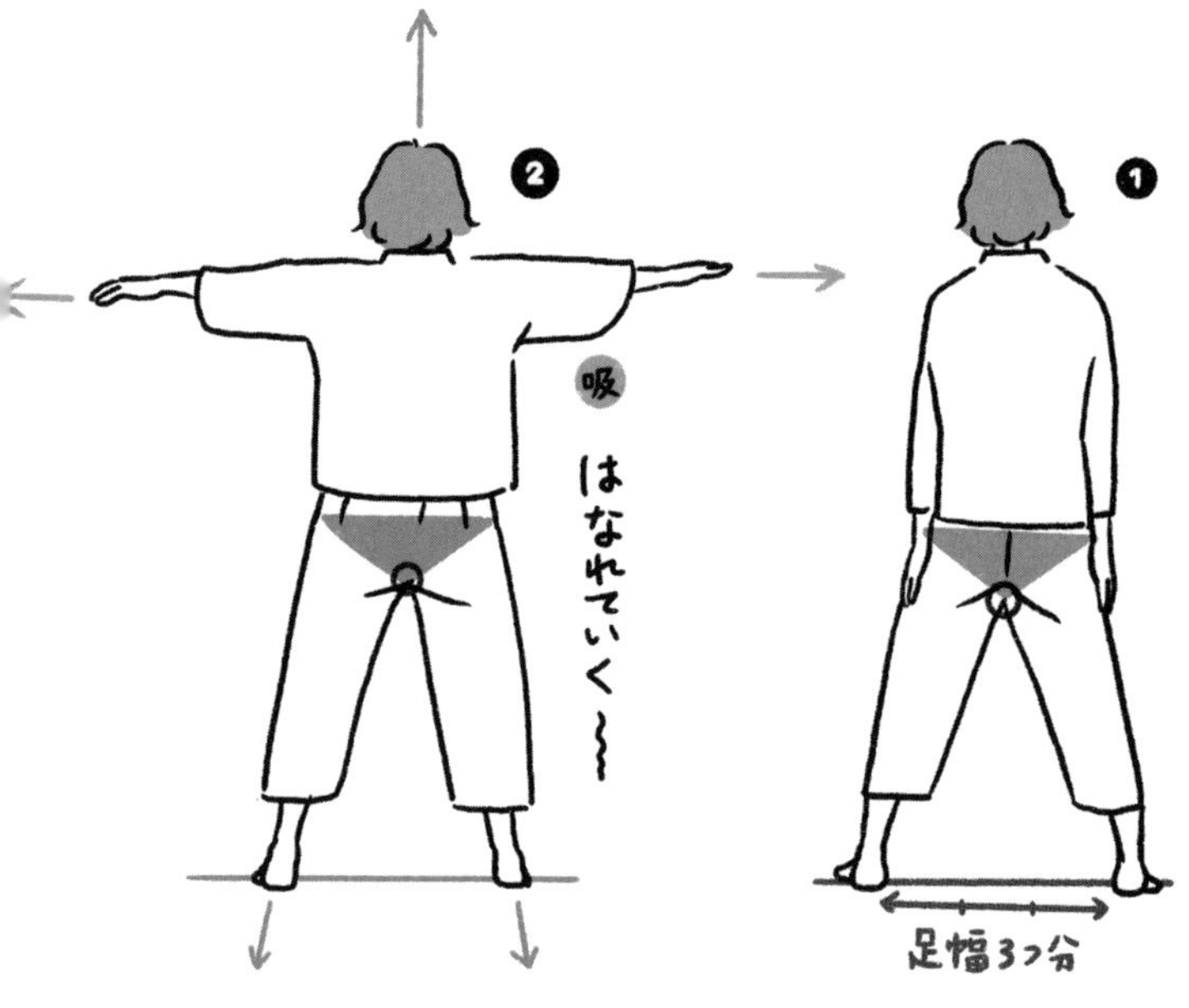

① 左足を軸に、横に3足ぶん脚を開く。軽く目を閉じる
② 仙骨（の先端）を中心に、息を吸いながら五体（両手両足、頭）を開いていく。

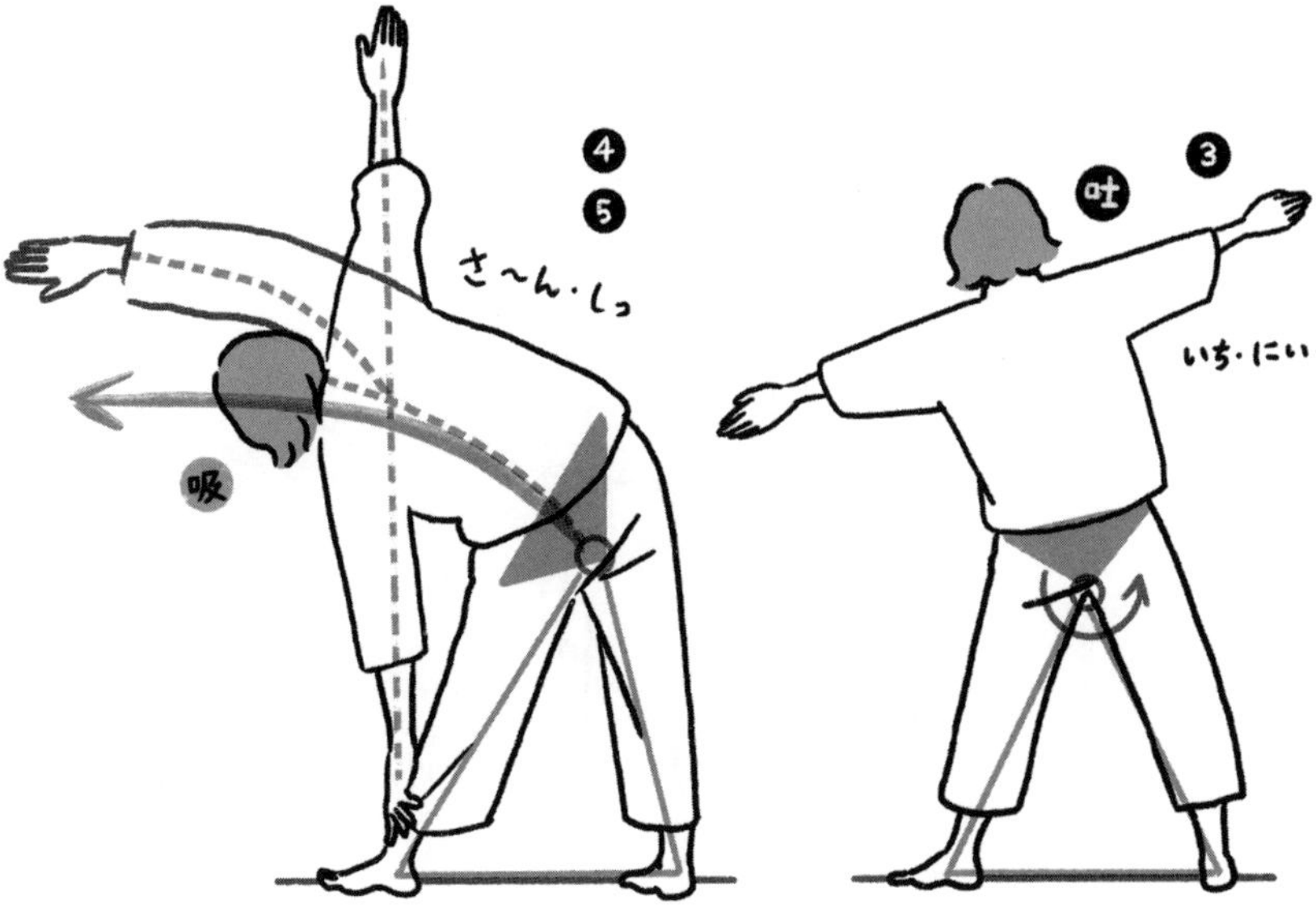

③ 左足を横、右足を前、両手を前に向ける。息を吐きながら、仙骨を左に倒していく。上体は動かさず、脚の三角も崩さない。
④ 仙骨を倒せるところまで倒したら（できる範囲で無理せず）、左手を左脚につけ、上半身を支える。一度息を吸い、吐きながら右腕を付け根（背中）から倒し、水平に伸ばす。静かな呼吸で背骨に意識を向ける（プラーナが流れる）。
⑤ 苦しくなる前に、吸う息で仙骨を戻し、吐く息で元の姿勢に戻る。脚の三角は最後まで崩さない。右側も同じ要領でおこなう。

ターダアーサナ

山の姿勢

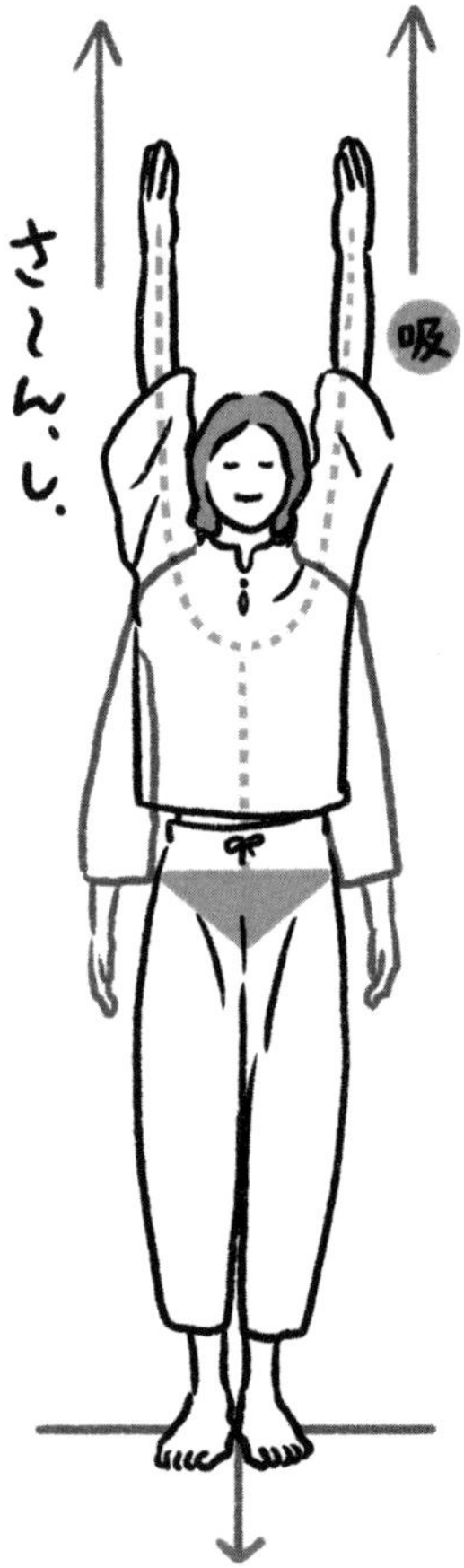

① 両足を揃えて立つ。軽く目を閉じ、一度息を吐く。
② ゆっくり息を吸いながら、体の左右を上げていく。
③ 上半身は上に、下半身は下に。体を上下ふたつに分けて伸ばす。
④ 静かな呼吸で足裏の重心を探り、安定する箇所を見つける。
⑤ 苦しくなる前に、吐く息でゆっくりと腕を下ろし、元の姿勢に戻る。

パスチモッタナアーサナ
西の姿勢

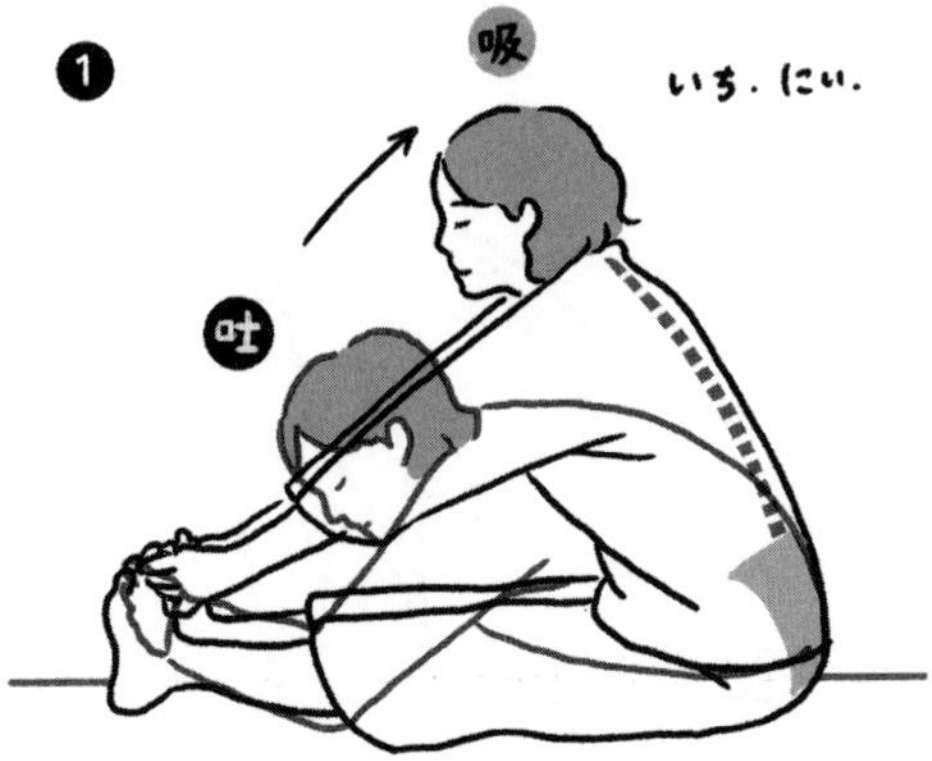

① 人差し指、中指、親指で足の親指を取り、息を吐きながら仙骨を前に倒して前屈（1回目）。手が届かなければ足首かすねに手を置く。軽く目を閉じる。一度体を起こして、大きく息を吸う。
② 息を吐きながら、仙骨を前に倒していく（2回目）。お腹を絞っていくことで、前屈が深くなる。 静かな呼吸で背骨に意識を向ける（プラーナが流れる）。
③ 苦しくなる前に息を入れ、元の姿勢に戻る。

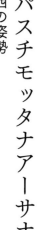

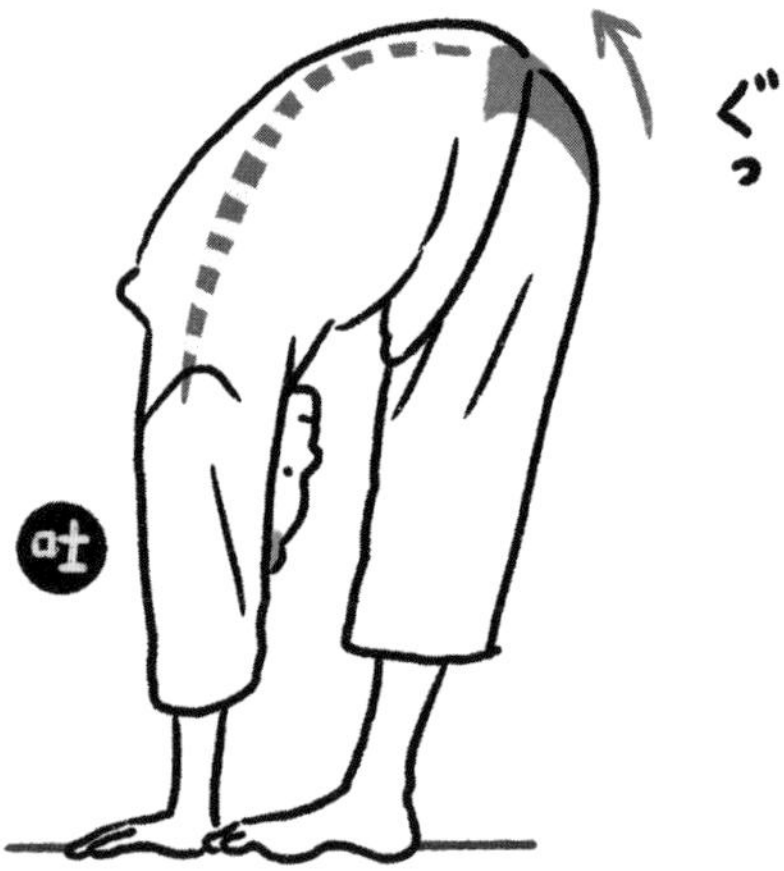

立位の前屈（パスチモッタナアーサナの練習）

息を吐きながら仙骨を前に倒していく（腕を伸ばそうとしない）。前屈の状態から尾骨（仙骨の先端）を上げると、前屈が深くなる。

ブジャンガアーサナ
コブラの姿勢

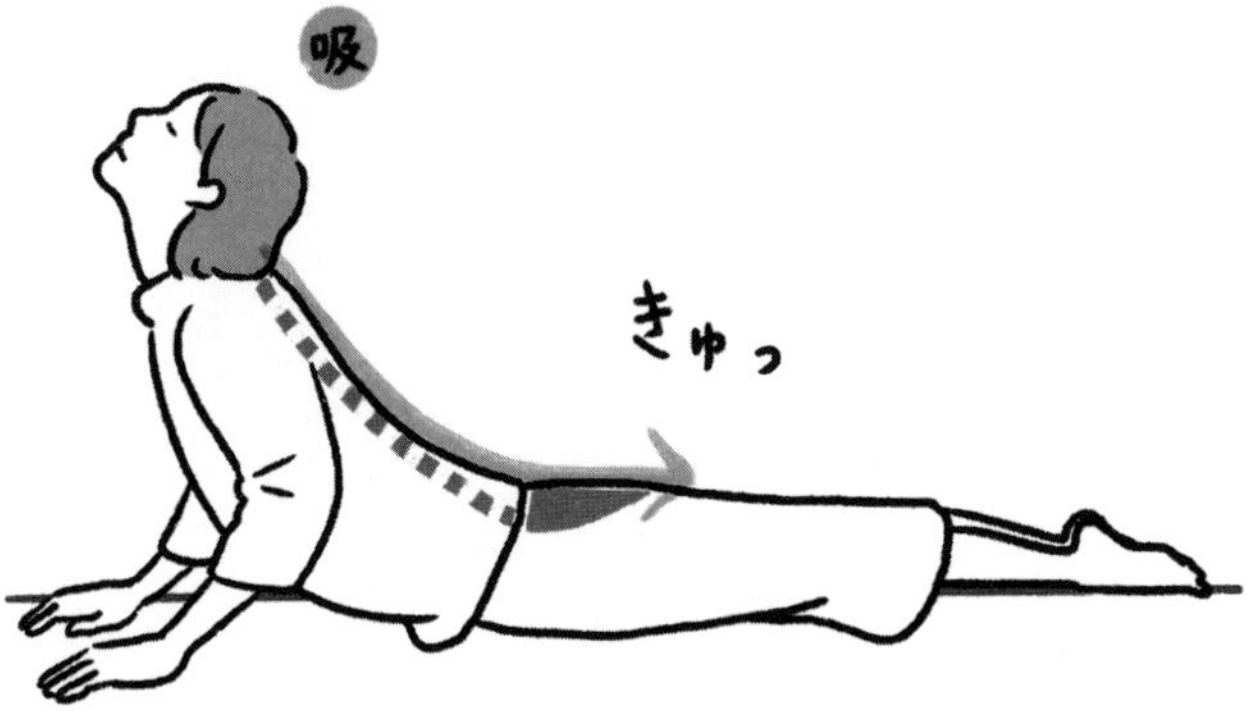

① うつ伏せで肩の下に両手をつき、額を床につける。軽く目を閉じ、一度息を吐く。
② 息を吸いながら、両手を支えに、背骨を上から閉じていく（首→背中→腰→仙骨→尾骨の順）。息を吸うことで上体が上がる。腕は伸ばしきらないように。
③ 静かな呼吸で背骨に意識を向ける（プラーナが流れる）。
④ 苦しくなる前に息を抜き、閉じた背骨を下から開いていく（尾骨→仙骨→腰→背中→首の順）。元の姿勢に戻る。

シャバアーサナ
屍の姿勢

ポイント

・アーサナとセットでおこなう。アーサナで刺激した部分をゆるめ、プラーナを巡らせる。
・アーサナ同様、固い床でおこなう。柔らかい床では背中の感覚が出ない。
・軽く目を閉じ、仰向けの状態で全身を床に置く。静かな息で、そっと置いていく（いきなりドサッと寝転ばない）。終わった後も、ゆっくり起き上がる。

①坐った状態から、背中を床につけていく（立っているときは一度腰を下ろす）。背骨を下から順につけていく（尾骨→仙骨→腰→胸→後頭部の順。途中で肘をつく）。
②頭までついたら、脚を片方ずつ腰から伸ばしていく。腕は肩幅よりやや広げて伸ばす。手の平は上に向ける。
③静かな息で全身を床にゆだねる。緊張がとれるとスペースが生まれ、「風」（プラーナ）が渡る感覚、「軽さ」「明るさ」が出てくる。肉体を包む「生気体」が優勢となり、瞑想状態になる。

シャバアーサナの一例

以下の順で全身に意識を向けていく。

脚	1. つま先　2. 足の甲　3. 足首　4. ふくらはぎ 5. すね　6. 膝関節　7. 太もも　8. 股関節
腕	9. 指先　10. 手の平　11. 手首　12. 前腕 13. 肘関節　14. 上腕　15. 肩関節
胴体	16. 骨盤全体　17. 恥骨　18. 下腹部 19. へそ　20. みぞおち　21. 肋骨 22. 胸骨　23. 鎖骨　24. のど
頭部	25. 顎　26. 唇　27. 歯・歯茎・舌 28. 頬・鼻腔　29. まぶた・目　30. 眉・額 31. 耳・こめかみ　32. 頭・頭頂
生気体	33. 全身・床・大気

あとがき

私がヨーガに向いていると感じるのは、幼稚園から七歳までの体験によります。あのころは夜に床に入ると、部屋に豆電球がついていても、まわりの世界も自分の体もすべて消えて、暗闇の中に放り出されるということがよく起こりました。そして暗闇の天辺に、満月にそっくりな白い輝きを持った存在が見えるのです。子供心に、「これはカミさまだ。ボクはあそこから落っこちて生まれてきたんだ」と直感しました。

その光に吸い寄せられて、「私」はどんどん高みへと昇っていきます。抵抗はできません。「自分らしさ」が光に近づくにつれて、失われていきます。まるで、走行中の自動車の部品が次々と外れて後ろに飛び去り、運転している自分だけが残されていくような恐ろしさです。自分自身を取り戻そうと、必死になって自分の名前を繰り返し心の中で叫びます……。そんな出来事が、毎晩のように続きました。

しかしこの体験は七歳ごろからうすれていき、いつの間にか起こらなくなりました。偶然のことですが、私が七歳のとき、のちに影響を受けることになるインドの覚者ラマナ・マハルシが亡くなっています。

さて、高校生になり書店でインド哲学「ウパニシャッド」の書物を手に取ると、「暗闇の中に輝く星ひとつ、これぞ汝のアートマン（真我）なり」と記された文章に出会いました。これを機に、独学でヨーガと瞑想をはじめました。

さらに三〇代のころにラマナ・マハルシの存在を知り、彼の著書を通じてその教えを学びました。驚いたのは、「私は誰か？」という問いをめぐるその簡潔な言葉、弓術に例えれば的の中心を射抜くような表現です。そして彼の顔写真、瞳の奥からさしてくる光です。

その知恵の光は、少なくとも六、七千年前からインドをはじめ、古代のひとにぎりの人たちが命を賭して見つけ出し、聖火をリレーするように伝えてきたものにちがいありません。そしてラマナ・マハルシの教えは、真に個性的だからこそ普遍性を持ち、世界のどこにいても、いまここから探究をはじめられるものだということも知りました。

ラマナ・マハルシが生涯離れることがなかった山、アルナーチャラとそのふもとの彼のアシュラム（道場）へ、私は三度訪れる機会に恵まれました。アルナーチャラの中腹の岩場で、南インドのおだやかな風を受けながらシヴァの寺院を擁する町並みを見下ろし、はるかな山を眺めていると、心が広大無辺に広がります。

一九八四年、インドでのヨーガの研修旅行に参加したときのことです。ガンガー（ガンジス河）の上流、ハリ・ドワールに、ヨーギやサドゥー（遊行修行者）がたくさん集まっていました。研修の自由時間に、かれらの様子を興味津々として観察しながら歩いていると、河岸の樹の下に坐っているひとりのヨーギの姿が目に入りました。

ほかの行者とは明らかに違う雰囲気を感じたので、邪魔にならないように少し離れた場所から様子を見守っていました。年齢は五〇代後半くらいでしょうか。

すると、ヨーギが私を手招きします。一礼して近づくと、わかりやすい簡潔な英語で、

「あなたは長いあいだ坐ってきた。あなたはここで私に心を向けて坐りなさい。私はあなたに心を向けて坐る」

と言って静かに眼を閉じました。私も対面して坐りました。

すると、とたんに自分の日常的な身体意識が消え、暗い空間に白く輝く生気体が現れ、そのネットワークの網目の結節点であるチャクラが見えました。私は、

バラ色で内側から輝く小さな微細生気体に乗って、青色で密度に差のあるアストラル界へ出て、鳥のように上下しながら飛んでいき、次から次へとステージの変わる旅をするのです。

「人間の心と体の世界はこうなっているのか……」

ただただ、驚くばかり。それは小さい頃の体験につながるものでした。しばらくして「もういいよ」という声が聞こえて、戻りました。現実の世界では、およそ一二、三分の出来事です。

その親切なヨーギは、軽く微笑むとまた眼を閉じて、完全に私から注意をそらしてしまいました。けっきょく彼の名前さえ聞くこともかなわず、一礼してその場を離れました。このとき、私は深くリラックスしていました。こうしたいくつかの体験を通じて、私はヨーガの行法の全体的な見取り図をおのずと得ることができたのです。

＊　＊　＊

この本は高山リョウ氏の存在なしには、読者のみなさんの手元に届くことはありませんでした。

いまから三年半ほど前、私がヨーガの講師を務める朝日カルチャーセンター湘南教室へ、彼が体験者として訪ねてくれたのが、最初の出会いです。私が藤田一照老師の著書『現代坐禅講義』の中で対談した記事を読み、興味を持って訪ねてくれたのです。彼はライターでありながら禅、気功、中国武術に通じていました。

この本をつくるための打ち合わせの席で、「ソーハム」というマントラの意味、「私は彼《か》の者である」について彼に説明したときのことです。

「ヨーガでは、このマントラを呼吸に合わせて心の中で唱えるのです」という私に対して、彼はこう質問しました。

「『私』とは自我のことですか？「彼《か》の者」とはどういうことですか？　どういう立場で「私は彼《か》の者である」と唱えるのですか？」

これは、とても大切で本質的な問いです。多くの人がこのことに疑問を持たず、何気なく通り過ぎてしまいます。私はこの質問から取材のための対話をはじめたことに、高山さんの高い資質を感じました。「ソーハム」、すなわちこのマントラで言われる「私」や「彼《か》の者」は、日常会話での意味とは別のものを指しているからです。

私たちの心と体は、「純粋意識」から発せられた光を反射しています。ところが自分の眼は、自分の眼を肉眼で見ることはできません。それを見るためには、「鏡」が必要です。目の前の湖のさざ波が消え、水面が澄み渡れば、鏡となって月の光が映ります。この世界は、月に例えられる何者かが、反射したみずからの姿を知るために存在するのです。そして人が、朝目覚めて自我が働き出す前の心が、さざ波が消えた水面です。この状態を意識的にとらえることが、ヨーガの目的です。そして「私」という働きの後ろに回り込み、心が鏡となって映し出された「彼《か》の者」自身を見つめるのです。

さあ、本書を脇に置いて、スカアーサナ（安楽坐）で坐ってみてください。眼を閉じて、片鼻交互呼吸からはじめましょう。そして「ソーハム」というマントラを心の中で唱えます。「ソー」で息を吸って少し止め、「ハム」で吐いて少し止めてみましょう……。

塩澤賢一

塩澤賢一◎しおざわ・けんいち

ヨーガ指導者。一九四三年、長野県生まれ。「アーディ・ヨーガ（原初のヨーガ）」教室主宰。日本大学芸術学部中退。フラメンコギターの演奏者を経て、伝統的なハタヨーガを伝える教師となる。テーマは「ヨーガとは自分の背後に常に控えているものを識るアートである」。藤田一照著『現代坐禅講義——只管打坐への道』（角川ソフィア文庫）に対談が収録されている。

取材・構成

高山リョウ◎たかやま・りょう

ライター。一九七二年生まれ。早稲田大学第二文学部卒。雑誌で活動後、児童書の企画構成と執筆をおこなう。著書に『カイルのピアノ』（岩崎書店）など。聖心会・青木義子シスターに坐禅を、塩澤賢一にヨーガをならう。

取材協力（ヨーガ教室参加者）

立石美奈、山田恵子、細馬清雄、細馬美子、持田将俊、持田高子

いのちが目覚める
原初のヨーガ
解説と実技

二〇二一年四月二〇日　第一版第一刷発行

著　者　塩澤賢一

発　行　新泉社
東京都文京区湯島一－二－五　聖堂前ビル
TEL 〇三－五二九六－九六二〇
FAX 〇三－五二九六－九六二一

印刷・製本　萩原印刷株式会社

ISBN978-4-7877-2108-2　C0014

『原初のヨーガ』解説動画のご案内

本書で紹介しきれなかったハタヨーガの技法と、その実践のコツを動画で解説します（実演＝塩澤賢一）。

1. アーサナと背骨の方向性　7分2秒
2. サンスクリットと仙骨感覚　6分16秒

解説動画の閲覧・ダウンロード方法

1. スマートフォンやパソコンなどを利用して、以下のURLもしくはQRコードより専用のウェブページ「『原初のヨーガ』解説動画」にアクセスしてください。
2. ウェブページの各動画の再生ボタンをクリックすると動画が再生されます。また動画ファイルをまとめてダウンロードすることもできます。ダウンロードしたZIPファイルを解凍（展開）するには専用のアプリケーションが必要です。また、動画ファイルの再生には動画再生ソフトウェアが必要です。

https://www.shinsensha.com/gensho_kaisetsu